HTML 极简教程
第一版

HTML 极简教程
第一版 2022 年 3 月

作者 袁野
版权 © 袁野

ISBN: 978-1-4717-5145-5

出版社 Publisher： Adam Bitlesson New Zealand Institute Limited
Email: abnzswim@gmail.com
yuanye668@hotmail.com

书中的源码都发表在 github 上，网址如下：
https://github.com/adambitlesson/html_easiest_course/

以下是在美国和其他国家/地区的注册商标：
The following are registred trademarks in the U.S. and other countries:
HTML/HTML5，CSS/CSS3，Visual Studio Code，JavaScript，Ajax，Google，Firefox，
Oppo，Sifri，IOS，Apple，Microsoft，NodeJS，W3C:World Wide Web Consortium，XHTML，
Smasher

目录

前言

HTML 极简教程终于要出版了，其实本书初稿在 2019 年就写好了。 当时读起来认为不够简单，因此从那个时候起就一直在精简。 HTML 本身就不复杂，从简单入手，先快速了解 HTML 创建的网页结构再结合后续的课程 CSS, JavaScript, HTML5 来深入学习。我写的书不是从 HTML 标签入手，而是简化为最常见的网页结构和的网页组成，这样便于理解。 这本书是我写的全栈开发教材的第一本书，希望大家喜欢，并提出您宝贵的意见，谢谢您的支持。

第1章 互联网整体感知

先对互联网原理进行整体感知，在整体感知的时候你也许由于知识的盲点会感到不安，也许会碰到没有听说过的概念。 不用担心，不要在意细节，先宏观的了解，这样会对你在后面的学习有帮助。

1.1 上网

上网所浏览的网页是真实的物理存在，租用一个服务器，把网页上传到服务器中，服务器有 IP 地址，然后再购买一个域名，解析域名和 IP 地址，让域名和 IP 地址匹配就可以通过域名来访问网页了。

比如说想要访问一个网站，假设网址是 www.adambitlesson.com，想要访问这个网站中的一个网页 test.html，那么是通过网址 www.adambitlesson.com/test.html 来访问这个页面的。

再假设一个复杂一点的网址：www.adambitlesson.com/aaa/bbb.html，去理解这个网址的意义来加深对上网的认识。 上面这个网址的意思是指访问的是这个网站的 aaa 文件夹里的 bbb.html 网页。 其实我们平时输入的网址是 www. ctopony.com，是没有后缀的，实际上等价于访问了 www.adambitlesson.com/index.html 文件。 一般来说一个网站的默认的首页文件是 Index.html，而文件夹的默认文件也是 index.html。 因此访问 www.adambitlesson.com/aaa 实 际 上 是 等 价 于 访 问 了 www.adambitlesson.com/aaa/index.html。

除了默认的 index.html，服务器可也以进行默认页面的配置，比如配置为 default.html 或者 default.php 等等。

总结一下，假如输入一个网址 www.adambitlesson.com/aaa/test.html 的时候，我们的计算机将对远程服务器发出一个 HTTP 请求。 我要请求的是你的 aaa 文件夹中的 test.html 文件，服务器响应了这个请求，将 test.html 这个网页文件，通过 HTTP 请求，传输到用户的计算机中。 然后用户的浏览器，对这个文件进行渲染。 因此，上网是一个请求数据的过程，是一个请求文件，回馈文件的过程，没有持久连接。 什么是 http 呢，下面来介绍这个概念。

1.2 HTTP 协议

其实提到 HTTP 大家肯定都不陌生，因为说到网址时，大家就会想到 http, www, .com 等等。 HTTP 的全称是 **Hypertext Transfer Protocol**，超文本传输协议，这个协议作用就是在浏览器和服务器之间传输文件。

HTTP 是有两个部分：请求 request，响应 response。 当你输入网址的时候，此时浏览器会发出一个 HTTP 请求，请求服务器上的响应页面。 当服务器收到请求之后，会再次通过 HTTP 将页面传输回来。

需要注意的是：
(1) 当访问一个网页的时候，并不一定只有一次 HTTP 请求发出。 如果页面上有图片、视频和音频等，会将产生更多的 HTTP 请求。
(2) 不光输入网址能够产生 HTTP 请求，当点击超级链接的时候，也能够产生 HTTP 请求。 我们会在今后的 Ajax 课程中拓展学习 HTTP。

1.3 服务器

服务器 server 就是计算机，它也有 CPU、硬盘、内存，也安装软件。 可能没有显示器、鼠标、键盘，我们用普通计算机远程管理它。 服务器上是用来存放文件的，服务器要 24 小时开机，不能断点，如果断点了人们就无法访问网站了。 可以通过管理软件来远程管理服务器，比如说 FTP。 在 Ajax 课程上会深入的研究服务器，现在先学到这里。

1.4 浏览器

浏览器 browser 就是渲染网页的一个软件，安装在客户的电脑里面。 HTTP 请求的发起与接收都是由浏览器来完成的。 下面几个图标是常见的浏览器的图标，在 CSS 课程上将会深入的学习各个浏览器之间的差别：

浏览器有版本的差别，比如说 IE 有 6、7、8、9、10、11，在后面的课程里将会学习到浏览器兼容的知识。 浏览器都有临时文件夹，比如说 IE 的临时文件夹就是：C:\Users\Admin\AppData\Local\Microsoft\Windows\Temporary Internet Files。 在这个地址中的 Admin 是指电脑的名字，每个人的电脑在安装时都会设置不同的名字， 所以每

个人的名字是不同的。

你请求的所有网页文件，都会存放在这个临时的文件夹中。 所有的网页都是在计算机本地进行渲染的。 所以有些时候，第一次打开网页时的速度慢，当再次打开同样的网页时速度会加快，这是因为第一次浏览网页的时候已经把文件传输过来了，就不用再传输了。 因此 HTML 页面是真正的传输到了你的电脑里面进行渲染的，而这些页面保存在电脑的临时文件夹里面。

第 2 章 HTML

HTML 的全称叫做 Hypertext Markup Language，超文本标记语言，是网页的文件格式。网页的格式还有其它的格式，比如说 PHP、JSP、ASP 等等，而 HTML 是最基本的网页文件格式。 这些不同的网页文件的区别会在今后的课程讲解。

2.1 纯文本

2.1.1 纯文本的概念

纯文本是只有字，没有其它的任何东西，没有样式、没有字号、没有颜色等等。 常用的纯文本文件有：txt、html、java、php、css、js 等。

通过下面的实验来来体验一下纯文本。在 test.docx 和 test.txt 中，里面的内容只有"Hello World"两个字。 在图 2-1 中可以看到，docx 文件中尺寸很大，有 12 个字节，而 txt 文件中的尺寸只有 4 个字节。 为什么同样的内容在 word 文件中和在 txt 文件中会有这么大的区别呢？ 这是因为 txt 文件是纯文本文件，里面只有文字，而 docx 文件是 word 文件，里面存放着页边距、行高、颜色、字号、字体等信息，因此它们的文件大小不一样。 一般来说，纯文本文件可以用记事本打开，并且打开之后不是乱码的。

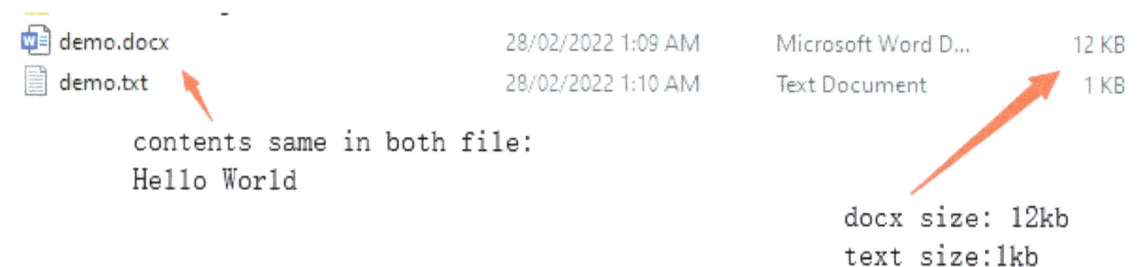

图 2-1 Comparing test.docx and test.txt 对比 word 文件和 text 文件

文本或者文件的类型可以从文件名的拓展名看出来。 文件的名字是由文件名和拓展名组成的，比如说 word 的拓展名是 docx。 拓展名展现的是不同文件的文件类型，比如说： .mp3 是音乐文件，.jpg 是图片文件，.docx 是文档。

如何显示文件的拓展名呢，在下图 2-2 中是展示的是通过操作系统来找到显示文件拓展名的选项，就是从 view 里找到 File name extensions,的选择框，点击这个选择框后就会显示文档的拓展名。

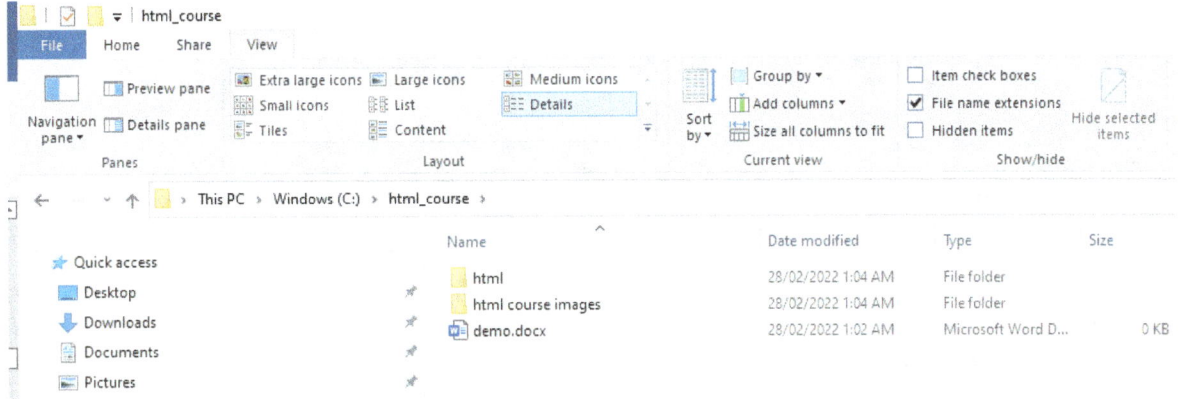

图 2-2 File name extensions 文档拓展名

2.1.2 HTML 文件是纯文本文件

如下图 2-3 所示，打开 text document，点击右键，点击 New （新建），点击 text document，就可以创建一个 text 文件，创建一个名字为 01_myfirstwebpage.txt 的 text 文件。

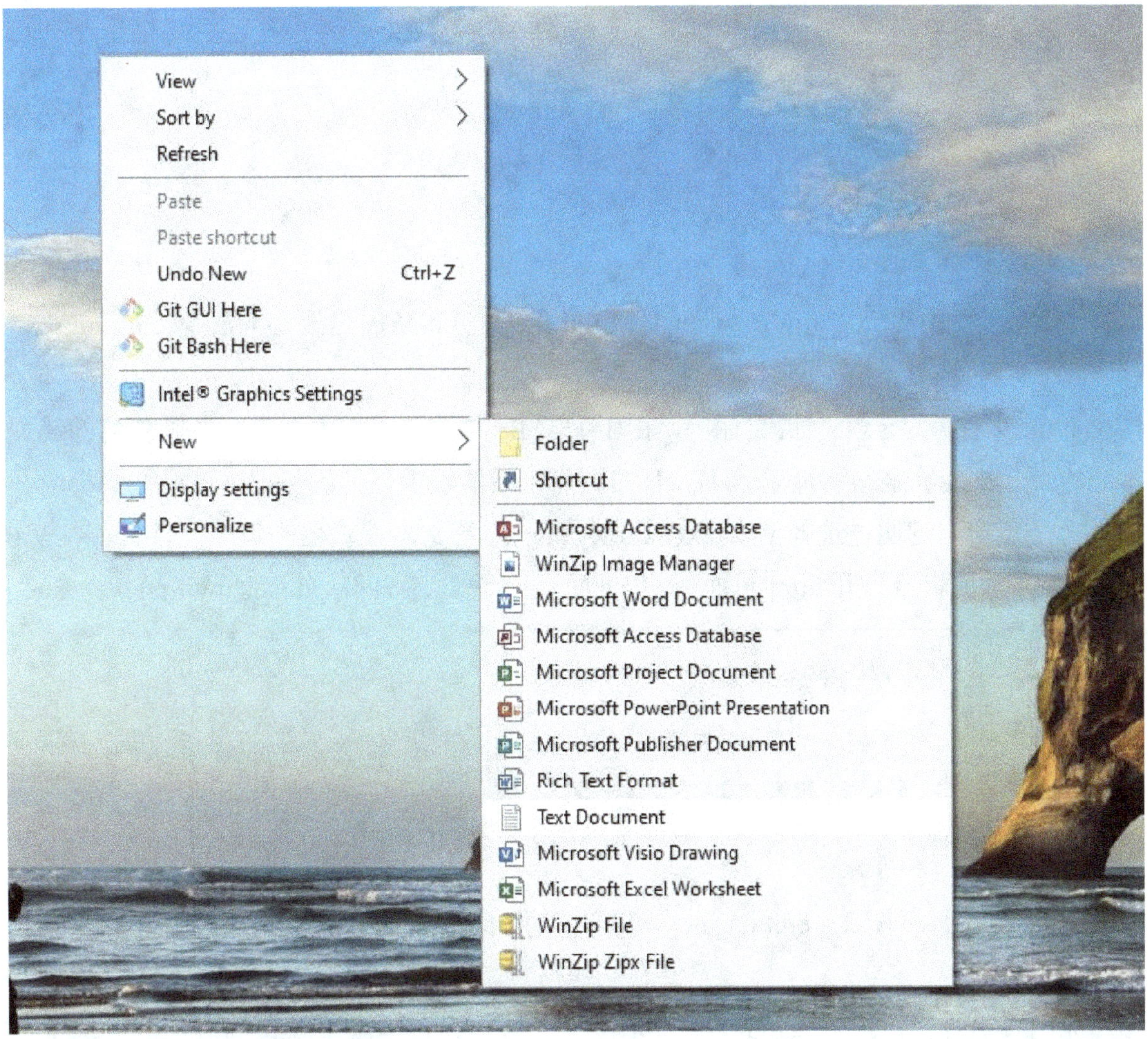

图 2-3 open Text Document 打开文本文档

如图 2-4 所示文本文档就是这个新创建的 text 文件，文件的拓展名为 txt：

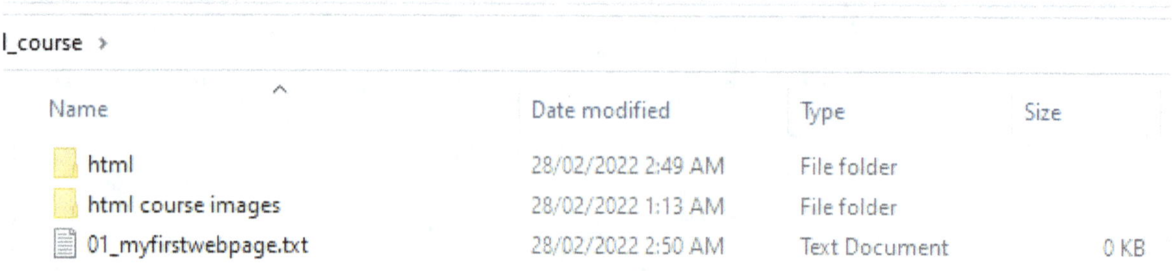

l_course ›

Name	Date modified	Type	Size
html	28/02/2022 2:49 AM	File folder	
html course images	28/02/2022 1:13 AM	File folder	
01_myfirstwebpage.txt	28/02/2022 2:50 AM	Text Document	0 KB

图 2-4 create 01_myfirstwebpage.txt file 创建 text 文件

然后强行把拓展名 txt 更改为为 html，如图 2-5 所示：

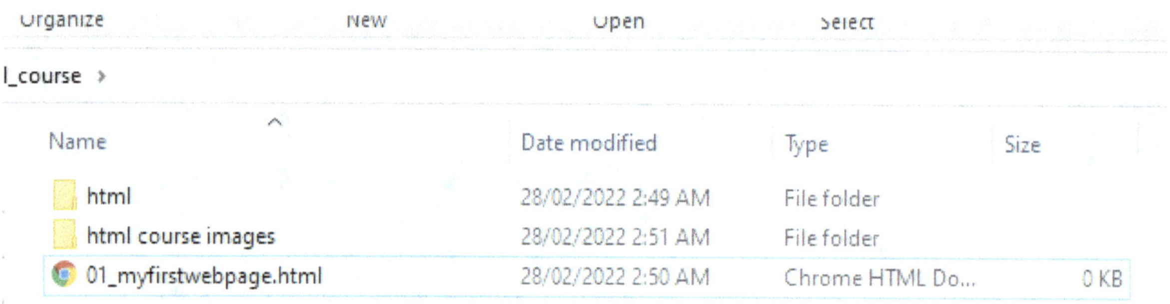

Organize	New	Open	Select

l_course ›

Name	Date modified	Type	Size
html	28/02/2022 2:49 AM	File folder	
html course images	28/02/2022 2:51 AM	File folder	
01_myfirstwebpage.html	28/02/2022 2:50 AM	Chrome HTML Do...	0 KB

图 2-5 01_myfirstwebpage.html file 把 txt 拓展名改为 html

这个 html 文件就是一个网页文件了，由于 HTML 文件是纯文本文件，所以任何的纯文本编辑器，都能够编写网页。 HTML 的制作，不依赖于任何编辑器，可以把鼠标放在文件上，点击右键通过选择 vsc, text editor, notepad 等文本编辑器来编辑文件，如图 2-6 所示，用文本编辑器打开 html 页面后，在里面写入了文字：Hello, this is my first webpage。

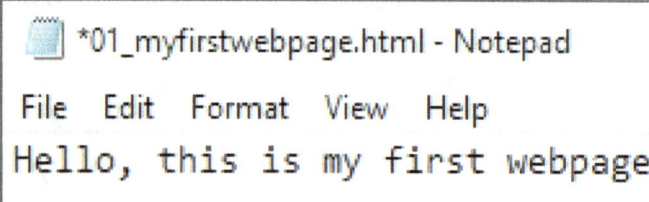

图 2-6 edit page by editor 用文本编辑器编写网页

编写完网页后保存，然后双击这个 html 网页，就会通过电脑里默认的浏览器来浏览这个网页，我的电脑的默认浏览器是 chrome，网页打开后如图 2-7 所示：

01_myfirstwebpage.html
File | C:/html_course/01_myfirstwebpage.html
Hello, this is my first webpage

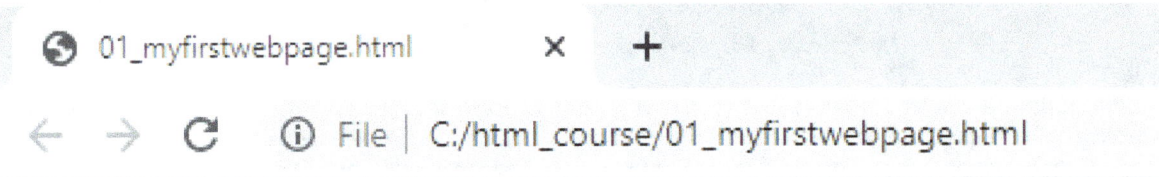

图 2-7 visit page by browser 通过浏览器浏览网页

现在我要说一个非常重要的知识点，我们要会用浏览器自带的控制台审查网页，如图 2-8 所示的是用 chrome 浏览器的开发者控制台 console 看到上述的网页的源码，用浏览器打开网页后按快捷键 F12 就会出来，先体验一下，先不用管这里面的<html>，<head>，<body>标签的含义，这个很快就会讲到。

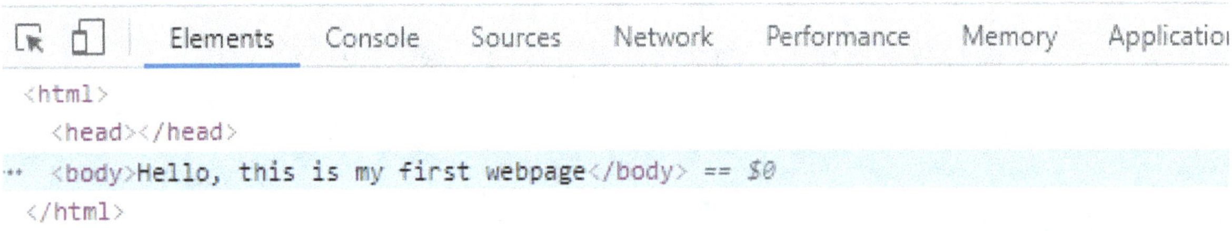

Elements
Console
Sources
Network
Performance
Memory
Applicatio
<html>
<head></head>
<body>Hello, this is my first webpage</body> == $0
</html>

图 2-8 chrome console 控制台

2.2 HTML 是负责描述文本语义的语言

语义的意思是指文字本身有了它的含义，比方说这个文字是属于标题，段落还是二级标题等等。 在 HTML 中，所有的内容如果不加语义的话，就会连在一起，即便是文字之间有空格，计算机也不认，如图 2-9 所示的一个 html 文件中，所有文字没有加语义，在网页上显示的就是文字全都连成为一体了。

Heading Level One Heading Level Two Lorem ipsum dolor sit amet, consectetur adipiscing elit, sed do eiusmod tempor incididunt ut labore et dolore magna aliqua. Ut enim ad minim veniam, quis nostrud exercitation ullamco laboris nisi ut aliquip ex ea commodo consequat. Duis aute irure dolor in reprehenderit in voluptate velit esse cillum dolore eu fugiat nulla pariatur. Excepteur sint occaecat cupidatat non proident, sunt in culpa qui officia deserunt mollit anim id est laborum. Lorem ipsum dolor sit amet, consectetur adipiscing elit, sed do eiusmod tempor incididunt ut labore et dolore magna aliqua. Ut enim ad minim veniam, quis nostrud exercitation ullamco laboris nisi ut aliquip ex ea commodo consequat. Duis aute irure dolor in reprehenderit in voluptate velit esse cillum dolore eu fugiat nulla pariatur. Excepteur sint occaecat cupidatat non proident, sunt in culpa qui officia deserunt mollit anim id est laborum. Heading Level Two Lorem ipsum dolor sit amet, consectetur adipiscing elit, sed do eiusmod tempor incididunt ut labore et dolore magna aliqua. Ut enim ad minim veniam, quis nostrud exercitation ullamco laboris nisi ut aliquip ex ea commodo consequat. Duis aute irure dolor in reprehenderit in voluptate velit esse cillum dolore eu fugiat nulla pariatur. Excepteur sint occaecat cupidatat non proident, sunt in culpa qui officia deserunt mollit anim id est laborum. Heading Level Two Heading Level Three Lorem ipsum dolor sit amet, consectetur adipiscing elit, sed do eiusmod tempor incididunt ut labore et dolore magna aliqua. Ut enim ad minim veniam, quis nostrud exercitation ullamco laboris nisi ut aliquip ex ea commodo consequat. Duis aute irure dolor in reprehenderit in voluptate velit esse cillum dolore eu fugiat nulla pariatur. Excepteur sint occaecat cupidatat non proident, sunt in culpa qui officia deserunt mollit anim id est laborum.

text without semantics, all joined together

图 2-9 text without semantics 没有语义的 HTML 中的文字

当加入了语义，内容就会清晰，标题和段落就会一目了然，如图 2-10 所示。

Heading Level One

Heading Level Two

Lorem ipsum dolor sit amet, consectetur adipiscing elit, sed do eiusmod tempor incididunt ut labore et dolore magna aliqua. Ut enim ad minim veniam, quis nostrud exercitation ullamco laboris nisi ut aliquip ex ea commodo consequat. Duis aute irure dolor in reprehenderit in voluptate velit esse cillum dolore eu fugiat nulla pariatur. Excepteur sint occaecat cupidatat non proident, sunt in culpa qui officia deserunt mollit anim id est laborum.

Lorem ipsum dolor sit amet, consectetur adipiscing elit, sed do eiusmod tempor incididunt ut labore et dolore magna aliqua. Ut enim ad minim veniam, quis nostrud exercitation ullamco laboris nisi ut aliquip ex ea commodo consequat. Duis aute irure dolor in reprehenderit in voluptate velit esse cillum dolore eu fugiat nulla pariatur. Excepteur sint occaecat cupidatat non proident, sunt in culpa qui officia deserunt mollit anim id est laborum.

Heading Level Two

Lorem ipsum dolor sit amet, consectetur adipiscing elit, sed do eiusmod tempor incididunt ut labore et dolore magna aliqua. Ut enim ad minim veniam, quis nostrud exercitation ullamco laboris nisi ut aliquip ex ea commodo consequat. Duis aute irure dolor in reprehenderit in voluptate velit esse cillum dolore eu fugiat nulla pariatur. Excepteur sint occaecat cupidatat non proident, sunt in culpa qui officia deserunt mollit anim id est laborum.

Heading Level Two

Heading Level Three

Lorem ipsum dolor sit amet, consectetur adipiscing elit, sed do eiusmod tempor incididunt ut labore et dolore magna aliqua. Ut enim ad minim veniam, quis nostrud exercitation ullamco laboris nisi ut aliquip ex ea commodo consequat. Duis aute irure dolor in reprehenderit in voluptate velit esse cillum dolore eu fugiat nulla pariatur. Excepteur sint occaecat cupidatat non proident, sunt in culpa qui officia deserunt mollit anim id est laborum.

semantics: Heading, paragraph

图 2-10 text have semantics meaning 文字加了语义 HTML 文件

在 HTML 中，使用用标签对儿来添加语义，如图 2-11 所示。

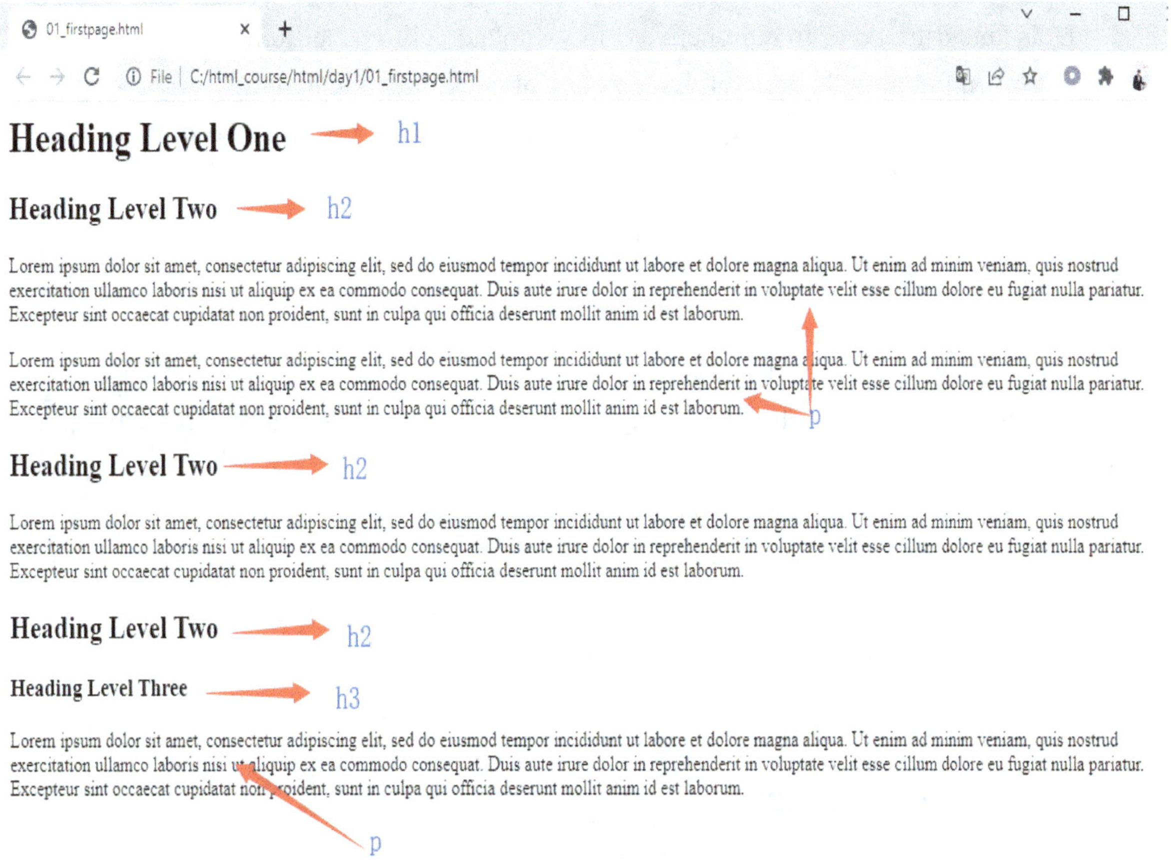

图 2-11 add semantics by tags 用标签添加语义

上图的效果用以下代码写的，

```
<h1>Heading Level One</h1>

<h2>Heading Level Two</h2>

<p>Lorem ipsum dolor sit amet, consectetur adipiscing elit, sed do eiusmod tempor
    incididunt ut labore et dolore magna aliqua. Ut enim ad minim veniam, quis
nostrud
    exercitation ullamco laboris nisi ut aliquip ex ea commodo consequat.
    Duis aute irure dolor in reprehenderit in voluptate velit esse cillum
    dolore eu fugiat nulla pariatur. Excepteur sint occaecat cupidatat
    non proident, sunt in culpa qui officia deserunt mollit anim id est laborum.
</p>
```

```
<p>Lorem ipsum dolor sit amet, consectetur adipiscing elit, sed do eiusmod tempor
    incididunt ut labore et dolore magna aliqua. Ut enim ad minim veniam, quis
nostrud
    exercitation ullamco laboris nisi ut aliquip ex ea commodo consequat.
    Duis aute irure dolor in reprehenderit in voluptate velit esse cillum
    dolore eu fugiat nulla pariatur. Excepteur sint occaecat cupidatat
    non proident, sunt in culpa qui officia deserunt mollit anim id est laborum.
</p>

<h2>Heading Level Two</h2>

<p>Lorem ipsum dolor sit amet, consectetur adipiscing elit, sed do eiusmod tempor
    incididunt ut labore et dolore magna aliqua. Ut enim ad minim veniam, quis
nostrud
    exercitation ullamco laboris nisi ut aliquip ex ea commodo consequat.
    Duis aute irure dolor in reprehenderit in voluptate velit esse cillum
    dolore eu fugiat nulla pariatur. Excepteur sint occaecat cupidatat
    non proident, sunt in culpa qui officia deserunt mollit anim id est laborum.
</p>

<h2>Heading Level Two</h2>

<h3>Heading Level Three</h3>

<p>Lorem ipsum dolor sit amet, consectetur adipiscing elit, sed do eiusmod tempor
    incididunt ut labore et dolore magna aliqua. Ut enim ad minim veniam, quis
nostrud
    exercitation ullamco laboris nisi ut aliquip ex ea commodo consequat.
    Duis aute irure dolor in reprehenderit in voluptate velit esse cillum
    dolore eu fugiat nulla pariatur. Excepteur sint occaecat cupidatat
    non proident, sunt in culpa qui officia deserunt mollit anim id est laborum.
</p>
```

总结，在 HTML 文件中下面的文字是没有任何语义的：
Heading Level One

而对同样的文字加上标签对<h1></h1>，此时就有 1 级标题的语义。

`<h1>`Heading Level One`</h1>`

再比如在 HTML 文件中下面的文字也是没有任何语义：

Lorem ipsum dolor sit amet, consectetur adipiscing elit, sed do eiusmod tempor incididunt ut labore et dolore magna aliqua. Ut enim ad minim veniam, quis nostrud exercitation ullamco laboris nisi ut aliquip ex ea commodo consequat. Duis aute irure dolor in reprehenderit in voluptate velit esse cillum dolore eu fugiat nulla pariatur. Excepteur sint occaecat cupidatat non proident, sunt in culpa qui officia deserunt mollit anim id est laborum.

但是加了标签对`<p></p>`之后，这些文字就有了段落的语义了。

`<p>`Lorem ipsum dolor sit amet, consectetur adipiscing elit, sed do eiusmod tempor incididunt ut labore et dolore magna aliqua. Ut enim ad minim veniam, quis nostrud exercitation ullamco laboris nisi ut aliquip ex ea commodo consequat. Duis aute irure dolor in reprehenderit in voluptate velit esse cillum dolore eu fugiat nulla pariatur. Excepteur sint occaecat cupidatat non proident, sunt in culpa qui officia deserunt mollit anim id est laborum.`</p>`

因此，超文本标记语言 HTML（Hypertext Markup Language）是通过一对一对的标签来给文本增加语义的语言。 比如说，p 标签的语义是段落，这个标签是以一对的方式出现，`<p>`为起始标签，`</p>`为结束标签。 当渲染页面的时候，`<h1>`等一众标签是不会显示在页面上的，这就是"超"字的含义，有些文本就是以文本的方式出现，而另一些文本标是以标签的形式出现，描述别的文本语义的文本，不会照搬显示在页面上，这种文件就是超文本文件。

当文本被 h1 标签包裹之后，文本就有了主标题的语义，也成为一级标题，浏览器此时会默认将 h1 的文字变大、变黑和变粗，这个是浏览器的默认样式，这种变化是样式的变化，它和语义是无关的。 浏览器会默认给不同语义的文字加上合适的样式。 一定要记住，任何 HTML 标签都和样式无关的，标签只能够表达语义。 当面试的时候，面试官问你 h1 什么意思？ ~~错误的答案是：让字变大、变黑、变粗。~~ 正确的答案是给文字加上 1 级标题的语义。

第 3 章 文本编辑器

任何纯文本编辑器都能够编辑 HTML 网页文件，虽然我们学习的是编程，而不是某种文本编辑器软件，但是熟悉和选择合适的文本编辑器会给我们的编程带来很大的方便。

3.1 文本编辑器简介

做网页和用什么软件无关，任何的纯文本编辑器软件都可以制作网页。 而相反的，任何的可以制作网页的软件，本质上也都是纯文本编辑器软件。

现在比较有名的制作网页的软件：Visual Stutico Code, NotePad++、Sublime、WebStorm、DreamWeaver、Atom、Editplus 等。 初学的时候您可以用 windows 本身所带的 text 编辑器或者 NotePad 编辑器，推荐使用 VSC (visual studio code)，我在本书的代码都是用 VSC 编辑器写的。

大多数的编辑器都非常的方便，都用智能功能，比如说：
(1) 能够高亮显示代码，比如用不同颜色识别我们的标签；
(2) 自动感应，代码自动补全功能
(3) 有丰富的插件，也可以自己写插件；

3.2 使用

大多数的文本编辑器都能够编辑很多种不同的编程语言。 因此，在写 HTML 文件时，当新建了一个文件，一定要记得先保存，保存的时候，一定要加上.html 后缀。

VSC 文本编辑器有很多快捷键用起来很方便，平时编程时要注意多加积累，多记一些快捷键，方便我们写代码，以下先举几个常见的快捷键的例子：

Ctrl+N 新建文件

Ctrl+S 保存功能

Ctrl+F 查找

Ctrl+Z 撤销。

Ctrl+C 复制

Ctrl+V 粘贴

输入标签名，然后按 tab 键，能自动生成标签对儿。

Ctrl+X　删除当前行（和剪切是一个快捷键）

Ctrl+鼠标滚轮会放大和缩小

按住鼠标滚轮，拖拽，就可以产生多行光标。

支持快速输入法，比如：p*10　然后按 tab 键，就能生成 10 个 p 标签。

快捷键就讲这么多，让读者有个大概了解，快捷方式在很多的文本编辑器中是通用的，快捷方式虽然有很多，但是并不难，具体的区别和用法在平时的工作和学习中多多使用就很容易能记下来。

第 4 章 HTML 的基本框架

我们讲的是 HTML，但是我推荐使用 HTML5 框架，因为目前几乎所有的浏览器都支持。除了声明头不一样，HTML 和 HTML5 的框架是一样的。　直接在 VSC 编辑器中输入 html:5 然后按 tab 键，如图 4-1 所示，就会自动展开为 html5 的基本框架。

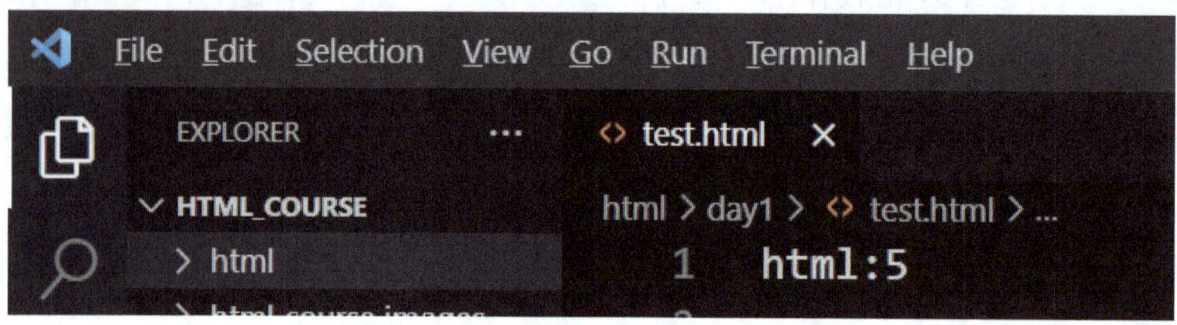

图 4-1 html:5 + tab 自动展开 HTML5 框架

HTML5 的基本框架代码如下：

```html
<!DOCTYPE html>
<html lang="en">
<head>
    <meta charset="UTF-8">
    <meta http-equiv="X-UA-Compatible" content="IE=edge">
    <meta name="viewport" content="width=device-width, initial-scale=1.0">
    <title>Document</title>
</head>
<body>

</body>
</html>
```

HTML5 结构框架在 VSC 编辑器中显示如图 4-2 所示：

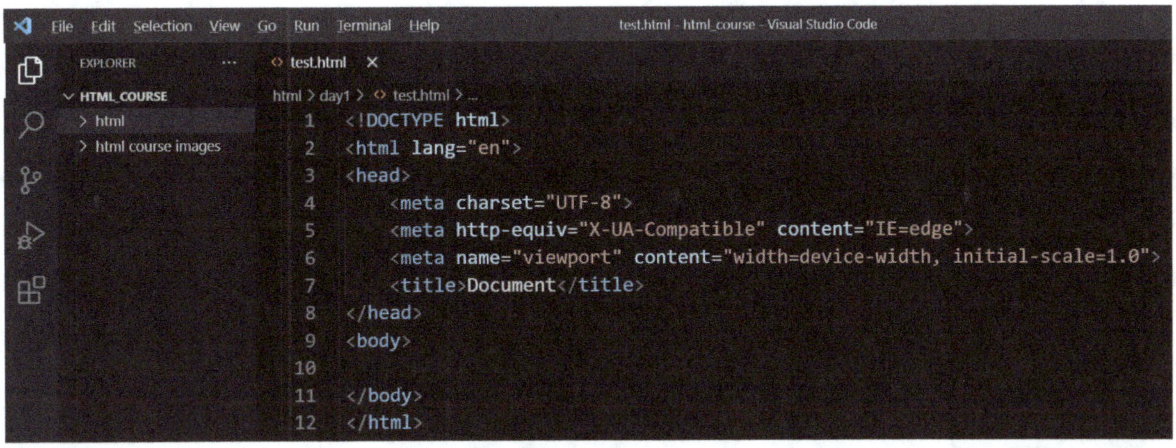

图 4-2 HTML5 structure 结构

把 HTML5 结构抽象最简化如下代码所示：

```
<!DOCTYPE html>
<html>
    <head>

    </head>
    <body>

    </body>
</html>
```

接下来我们就要一行一行的讲解 HTML 基本骨架的含义。

4.1 DTD 文档声明头

DTD 是 DocType Definition 的缩写，意思是指文档类型定义。是 HTML 第一行的语句，告诉浏览器使用的是什么版本的 HTML 文件。 HTML 和 CSS 这两个语言的官网维护者是总部位于美国的 W3C 组织，简称 W3，World Wide Web Consortium 国际万维网联盟，官网是：https://www.w3.org/

HTML 从诞生到现在，最新的版本 HTML5。 由于现在还有一部分人使用的浏览器过旧，所以现在很多公司还在使用 HTML5 的上一个版本，HTML4.01。

4.1.1 DTD 为声明头部的结构

在 HTML 文档中的第一行<!DTD>， DTD 声明头结构如下代码所示，HTML 除了和
HTML5 的声明头不一样， 它们的框架结构是一样的。

```
<!DOCTYPE html PUBLIC "-//W3C//DTD XHTML 1.0 Transitional//EN"
"http://www.w3.org/TR/xhtml1/DTD/xhtml1-transitional.dtd">
<html xmlns="http://www.w3.org/1999/xhtml" xml:lang="en"><html> （此处是命
名空间）
```

DTD 声明头共有 6 种，其中 HTML4.01 有 3 种，XHTML1.0 有 3 种，下面分别看一下这
六种 DTD 声明头的特点是什么。

4.1.2 HTML4.01 的三个小版本

（1）HTML4.01 Strict 严格版，这个版本不能使用 font、b、u、i 等现在已经废弃的标
签，不能使用框架集。 在严版中，它结构和样式分离。

（2）HTML4.01 Transitional，成为过渡版或者通用版，没有那么多限制，可以使用 font
等废弃标签，不能使用框架集

（3）HTML4.01 Frameset：框架集版：可以使用框架集

在 2007-2008 年之前，开发者是用下述代码制作一个红色的标题：

```
<h1><font color="red">Heading</font></h1>
```

现在 font 标签已经被废弃了，改用 CSS 来描述页面的样式。

W3C 发现 HTML 不够严格。 比如说写标签的时候是大写字母还是小写字母呢，看一
看下述的代码是否正确：

```
<H1></H1>
```

还有属性值可不可以使用单引号，看一看下述的代码是否正确：

```
<a href='2.html'></a>
```

因此 W3C 机构为了解决这个问题而推出了 XHTML 版本。

4.1.3 XHTML

X 代表的是 extensional，表示的是拓展的 HTML。 在 XHTML1.0 中，严格规定了标签必须是小写，所有的属性都必须用双引号封闭，必须有结尾反斜杠。

XHTML 有严格版本，严格版本成为称为 strict ，在严格版本中 font、b、u、i 等标签就不能够再使用了。

在 XHTML1.0 版本中，延续了 HTML4.01 的三个小版本：
（1）XHTML1.0 Strict 严格版本，不能够使用 font 等已经废弃的标签，不能够使用框架集，在 XHTML 严格版本中，它的结构和样式分离。
（2）XHTML1.0 Transitional 过渡版或者称为通用版，这个版本中没有那么多的限制，可以使用 font 等已经废弃的标签，不能使用框架集。
（3）XHTML1.0 Frameset 框架集版，这个版本可以使用框架集

按严格程度排个序列：
XHTML1.0 Strict ＞ HTML4.01 Strict ＞ XHTML1.0 transitionl ＞ HTML4.01 transitionl

可以看一下被废弃的标签的应用，下述代码所示：
```
<b>Bold</b>
<u>Underline</u>
<i>Italic</i>
```

2007 年之前，网页就是用这类标签写页面的。 但是，从 2007~08 开始就被废弃了，原因是使用了 DIV+CSS 的经典用法， 我们希望 HTML 标签只负责语义，而不要负责样式。 但是 b、u、i 明显的带有样式色彩，所以从 08 年开始，就被废弃了。 在 strict 严格版本中是不需要使用 font、b、u、i 标签的，在这里这些标签都是废弃的。 但是，我们可以在页面上巧妙的使用 b、u、i 做一些小的创意，比如说 CSS 钩子，因此不要一刀切，所以在很长时间里开发人员使用的是 transitional 版本。

4.2 HTML5

HTML5 是新的版本，不再设立 strict、transitional、frameset 等版本了。XHTML1.0 随着 HTML5 的诞生，也就没有了，HTML5 的声明头如下代码所示：

```
<!DOCTYPE html>
```

是用!DOCTYPE html 来声明文档类型为 HTML5 文档。

总结一下，一共有 6 种 DTD。HTML4.01 有 3 种，XHTML1.0 有 3 种。因此 6 种版本就有 6 种 DTD。然后<!DOCTYPE html>属于 HTML5 文档，推荐使用 HTML5 文档声明头，所以平时使用 HTML5 声明头就行除非有特殊的要求，DTD 的写法也比较固定，并不难，所以了解就行，知道将来如何去用就可以了。

4.3 命名空间

下述代码中在文档声明头下面一行写入的是命名空间，就是下面代码中包含在 html 标签对里面的属性和属性值：

```
<!DOCTYPE html PUBLIC "-//W3C//DTD XHTML 1.0 Transitional//EN"
"http://www.w3.org/TR/xhtml1/DTD/xhtml1-transitional.dtd">
<html xmlns="http://www.w3.org/1999/xhtml" xml:lang="en">


<html>
```

现在解释一下上面的代码中命名空间的的含义。可以看到，在 html 开始标签里写入了属性名以及属性值。

在这里快速的扩展一个知识点：键值对。把一组属性名和属性值称为键值对，简称 K-V 对，K 就是 key 键的意思，V 就是 value，它是值的意思，下述代码是关于一个键值对的语法，键值对的值是写在引号里面：

```
<html key1="value" key2="value">
</html>
```

讲完键值对继续讲命名空间里面的代码，在这个代码里的 html 的起始标签中，xmlns 是它的一个属性，xml:lang 也是它的一个属性，引号里面分别是它们的值。 xmlns 这个属性的全称叫做 XML NameSpace，HTML 是 XML 中的一种，但是我们现在不准备展开说 XML，在 Ajax 课上会详细介绍 XML。 NameSpace 叫做命名空间，这个很好理解，就是说在你写的 HTML 文件里面 h1 表示的是 1 级标题的，那么的 HTML 里面是不是也是 1 级标题呢？ 所以就需要有人统一标准，使用的值是一个固定的网址 http://www.w3.org/1999/xhtml

另一个属性值 xml:lang="en" 表示所有的标签的语言都是英语，lan 是 language 的意思，以上的写法都是固定写法，没有别的值。

4.3 字符集

现在常用的字符集是 UTF-8，这个字符集是国际的一个字符集标准，在 UTF-8 中有世界上所有国家中的所有文字和符号。 在 HTML 页面中有几种不同的字符集的设置，而 VSC 默认设置的是 utf-8 字符集。

字符集就好像中国古代的活字印刷术，字符集里面的字和符号就好像活字印刷术里面的字的模型。 不同的字符集就好像是不同活字印刷的模型。 在活字印刷中，同样的字在不同的模型里放的位置不一样，假设"哈"这个字，可能是在某个模型的第 2 个柜子里面第 3 层第 2 行第 6 列，而在别的小的模型里，"哈"字可能是第 6 层第 2 行第 3 列。

在 HTML 网页中，使用 meta 来设置字符集，meta 表示的是元、初始的意思，因此在 HTML 中表示元设置和初始初始设置。

    <meta http-equiv="Content-Type" content="text/html;charset=UTF-8">

上述代码中的 meta 是一个单标签，没有成对出现，将在 img 标签中细讲这种单标签的含义。

中文网站用哪种字符集呢？ 也-可以用 UTF-8 字符集，除此之外中文有另外的字符集 GB2312。

在中文网页中，如果没有出现怪异符号、没有出现其他国家文字（除了英语），建议使用 GB2312。 因为文件尺寸小，UTF-8 一个中文字节的大小是 3，而在 GB2312 中，一个中文的字节大小是 2，因此能够降低页面尺寸。 所以说，让中文网页提速的一个方法就是用字符集：GB2312

如果网页中，有少数民族文字，阿拉伯语、韩语等其它非英语国家的语言，那么要使用 UTF-8，因为文字更加全面。 下面的表格直观的介绍一下它们之间的区别：

	文字全还是不全	汉字有几个字节
UTF-8	全	3
GB2312	不全	2

4.4 关键字和页面描述

使用浏览器搜索网站的时候会发现，当浏览器抓取到页面时，会在搜索到的网站旁边或者下面显示一小段页面描述。 这个这个页面的描述是由下面抽象出来语法写的：

```
<meta name="description" content="page description" >
```

Name 属性值 description 是描述的意思， 属性 content 是内容的意思。

这个语法显著提升 SEO，SEO 就是 Search Engine Optimization，搜索引擎优化。 这个用法能够让你在不多花额外钱的情况下让搜索引擎能带来更多的流量，让更多人点击。

比如说可以设置页面关键字，搜索引擎会抓取这些关键字：

```
<meta name="description" content="Page description, use better words to attract vistors">
<meta name="keywords" content="Smart phone, Laptop, PC">
```

这样搜索引擎就知道网站是干什么的了，就能够相应的对排名进行提升。

4.5 title

是对页面的直接描述和直接关键词，比如说下面的代码中用的是 title 标签对：

```
<title>Page Description and Key Words</title>
```

那么在上述代码中的标签对<title></title>包裹的文字"Page Description and Key Word"会在页面标签上显示出来，如图 4-3 所示：

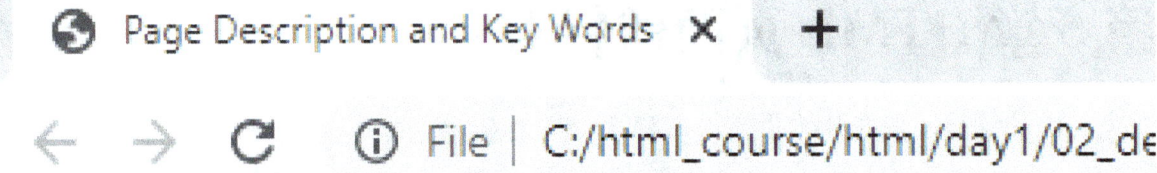

图 4-3 show on the page tag 在页码标签展示

第 5 章 HTML 页面的特点

做完前面的铺垫，现在开始正式讲 HTML。

5.1 HTML 对换行，TAB 缩进，空格不敏感

代码中的行，TAB 缩进和空格，请对比下面的三组代码：

```
<body>
<h1>This is heading</h1>
<p>This is paragraph</p>
</body>
```

等价于：

```
<body>
    <h1>This is heading</h1>
    <p>This is paragraph</p>
</body>
```

等价于：

```
<body><h1>This is heading</h1><p>This is paragraph</p></body>
```

你现在可以发现，HTML 语言不仅仅是负责描述语义，还描述了页面的层次。 那么什么又是层次？ 就是看标签谁包裹谁，和缩不缩进没有关系。

代码最好要有缩进的层次感，比如说下面的缩进版本的 HTML 代码，非常清楚，一下子就能够看出来谁包裹谁，方便阅读和维护：

```
<body>
<h1>This is heading </h1>
<p>This is paragraph </p>
<div>
    <div>
        <div>
            <div>

        </div>
```

```
      </div>
    </div>
  </div>
</body>
```

把上述代码写成不缩进版本，如下所示，你会发现可读性不强，下面的代码没有错误，但是不建议这么写：

```
<body>
<h1> This is heading </h1>
<p> This is paragraph </p>
<div>
<div>
<div>
<div>

</div>
</div>
</div>
</div>
</body>
```

在实际运用中，当页面制作完毕之后，可以把代码进行压缩，在发行网站时将 HTML 代码压缩成一行，这种压缩代码的方法是提升网页加载速度的方法之一，之后讲工程化的技术的时候会介绍代码压缩技术和代码解压缩技术。

5.2 空白折叠

在 HTML 中的文字，无论有多少个缩进，多少个空格和多少个换行，都会被压缩为一个空格。 比如说在下述代码中的文字 paragraph, 在 g 和 r 之间有很多的缩进，空格和换行：

```
1   <body>
2      <p>
3            This is parag
4
5
6
7
```

```
8
9
10
11                                                                      raph.
12      </p>
13  </body>
```

打开页面后 paragraph 这个单词会折叠为了一个空格，页面效果如图 5-1 所示：

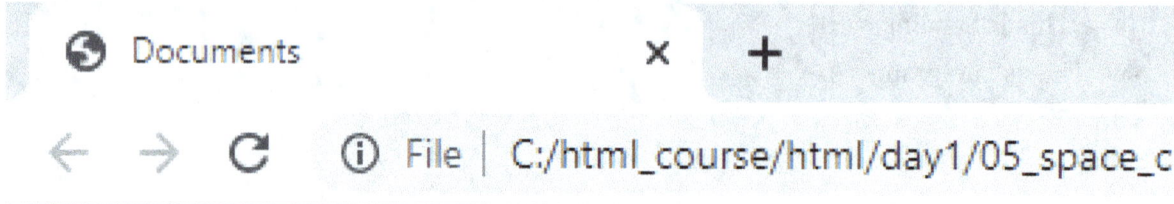

图 5-1 spaces between text 文字间的空格与换行

第 6 章 标签 h 和 p

这章讲 HTML 中最常用的标签 h 和 p, 这两个标签分别是给文字增加标题与段落的语义的意思。

6.1 h 系列标签

h 是指 header, 标题的意思。 一共有六个, 如下所示, 每个都有不同的语义。

h1 是指 1 级标题

h2 是指 2 级标题

h3 是指 3 级标题

h4 是指 4 级标题

h5 是指 5 级标题

h6 是指 6 级标题

h 标签是文本级别的标签, 它是以标签对的形式出现然后包裹文字, 被 h 标签包裹的文字的语义就是标题的意思, h1-h6 的代码写法如下所示:

```
<!DOCTYPE html>
<html lang="en">
<head>
    <meta charset="UTF-8">
    <title>Documents</title>
</head>

<body>
    <h1>Heading One</h1>
    <h2>Heading Two</h2>
    <h3>Heading Three</h3>
    <h4>Heading Four</h4>
    <h5>Heading Five</h5>
    <h6>Heading Six</h6>
</body>

</html>
```

上述代码的页面显示效果图如图 6-1 所示:

← → ⟳   ⓘ File | C:/html_course/html/day1/10heading_tags.html

Heading One

Heading Two

Heading Three

Heading Four

Heading Five

Heading Six

图 6-1 tags h1-h6 page 标题分级标签

通常来讲，一个页面上只能有一个 h1 标签，其他标签的个数可以不定。 实际上这个不是 W3C 组织的规则，而是搜索引擎的规则。 h1 标签中的内容，权重非常高，搜索引擎会特别注意抓取里面的文字。 当搜索引擎如果发现在一个页面有中多个 h1 的时候，会视为这个页面作弊，会降低你网页的权重，h 标签是个文本级标签。

6.2 p 标签

p 表示 paragraph，段落。 p 标签是成对出现，被 p 标签包裹的文字的语义是段落，p 标签的写法如下述代码所示：

```
<p>paragraph</p>
```

在使用 p 标签一定要注意 p 里面只能放文字、图片、表单元素。 不能放其他东西。 P 标签是一个文本级标签，比如说下面的语法是错误的写法：

```
<p>
    <h3>Personal Introduction</h3>
```

```
    My name is Adam
</p>
```

按上面的写法，浏览器会解析成下面的语法形式：
```
<p>
</p>
<h3>Personal Introduction</h3>
My name is Adam
<p>
</p>
```

因此，正确的写法应该是下面这个样子的，不要去包裹 h3 标签：
```
<h3> Personal Introduction </h3>
<p>
    My name is Adam
</p>
<p>
    I like HTML
</p>
```

这里涉及到一个新的知识点，就是标签的级别。 我们给 HTML 所有的标签的级别都进行了分类，有两种类型，分别是：

(1) 容器级标签： 里面什么都可以放，甚至可以去包裹和自己一样的标签；

(2) 文本级标签： 里面只可以放文字，图片，表单元素和其它的文本级标签。

容器级标签和文本级标签不是官方的分类，而是有经验的程序员自己分出来的类别。有一些标签非常的大气，里面什么都能放置，称为容器级标签。 有一些标签，里面只能放置文本，虽然放别的类型的内容的时候浏览器可能不会报错，但是不能这么做。

在 HTML4.01 层面，容器级标签只有 div、li、dd、dt、td。 其它的标签都属于文本级别的标签。

第7章 图片

网页中有很多的图片，本章讲解如何在网页上显示图片。

7.1 基本使用

在 HTML 页面中要插入图片，使用 img 标签。 语法如下：

```
<img src="smasher.jpg" alt="alternative text" />
```

img 是英语 image 的简称，图片的意思。 src 是英语 source 的简称，图片的的资源，来源。 src 是 img 的属性，在引号中的属性值是图片的路径。 网页中能够插入的图片格式有 jpg、jpeg、png、bmp、gif 等，不能够插入的图片格式是 psd,fw。

img 标签是一个自封闭标签，也称为单标签，它不是以一对的方式出现的。 我们现在接触的自封闭标签就两个，分别是 meta 标签和 img 标签，如下代码所示：

```
<meta />
```

和

```
<img />
```

把自封闭标签和标签对进行一下比较，比如说标签对 p，是给别的文本增加语义的，被标签对 p 包裹的文字的语义是段落，如下述代码中的 text 的语义是段落：

```
<p>text</p>
```

而 img 自己就是图片语义，不需要包裹谁。 所以就是自封闭标签，也叫作单标签。

```
<img src="" />
```

7.2 图片的宽度和高度

如果图片在网页中不设置宽度和高度，它会显示照片的原始尺寸，代码如下，下述代码的效果图在图 7-1 中的两个图片中的上面那张是不设置宽高所展示的原始尺寸，

```
<p>
    <img src="smasher.jpg" />
</p>
```

通过 width 设置宽度、height 设置高度，看如下的代码，下述代码的网页显示图在同样的图 7-1 中的两张图中下面的图片是设置过宽高的图片：

```
<p>
    <img src="smasher.jpg" width="600" height="300" />
</p>
```

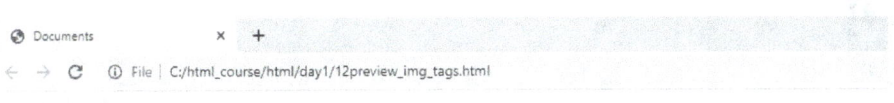

图 7-1 image set size and without size 不设置宽高与设置宽高的对比图

设置宽高时用的是前面学过的键值对的语法来添加属性和值，这里的属性为宽和高为 key（键），value（值）在引号内：

```
<img k="v" k="v" k="v" />
```

如果我们仅仅设置其中一个属性，另一个属性将**按比例**自动设置，下述代码是只把插入的图片的宽度设置为 100，没有设置高度，那么高度会自动按原始图的宽和高的比例自动变化：

```
<p>
    <img src="smasher.jpg" width="100" />
```

```
</p>
```

上述代码在网页显示的效果图如图 7-2 所示，位于三张图片的最下方的那张图，对比一下上面两张图可以看出区别：

图 7-2 only set width 只设置宽

7.3 图片是"文字"

图片 img 元素，不是普通的 html 标签，和 p 标签不一样，img 标签实际上也是一个文字，如果代码按下面的方式写，图片之间会出现空白折叠现象，如同文字一样会有空格一样，插入的三张图片之间也会有空格的：

```
<p>
    <img src="smasher.jpg" alt="" />
    <img src="smasher.jpg" alt="" />
    <img src="smasher.jpg" alt="" />
</p>
```

上述代码的页面效果图如图 7-3 所示：

图 7-3 spaces between images 图片之间有空格

如果不想图片之间有空格，可以按照下面的代码写，直接把它们连接在一起，就好像把文字连接在一起，不留空格：

```
<p>
    <img    src="smasher.jpg"    alt=""    /><img    src="smasher.jpg"    alt=""    /><img
src="smasher.jpg" alt="" />
</p>
```

那么上述的代码页面效果如图 7-4 所示

图 7-4 no spaces between images 图片之间没有空格

7.4 相对路径和绝对路径

7.4.1 相对路径

img 的 src 属性是描述图片文件的位置在哪里，也就是路径，分为相对路径和绝对路径。在相对路径中是指从 html 页面出发，找到图片，这种路径的描述方式，称为相对路径。

当 html 文件和图片文件在同一个目录下，那么非常简单，可以直接输入文件名

```
1    <img src="smasher.jpg" />
```

以下的路径是一样的

```
<img src="a/b/1.jpg" />
```
等价于
```
<img src="./a/b/1.jpg" />
```

当图片在更深一层的文件夹中的时候，如图 7-5 所示，当前 html 文件是 06_relative.html，这个 html 文件和 images 文件夹是同一级别的，而我们要插入到这个 html 文件的图片在 images 的文件夹里 turtle.jpg 图片：

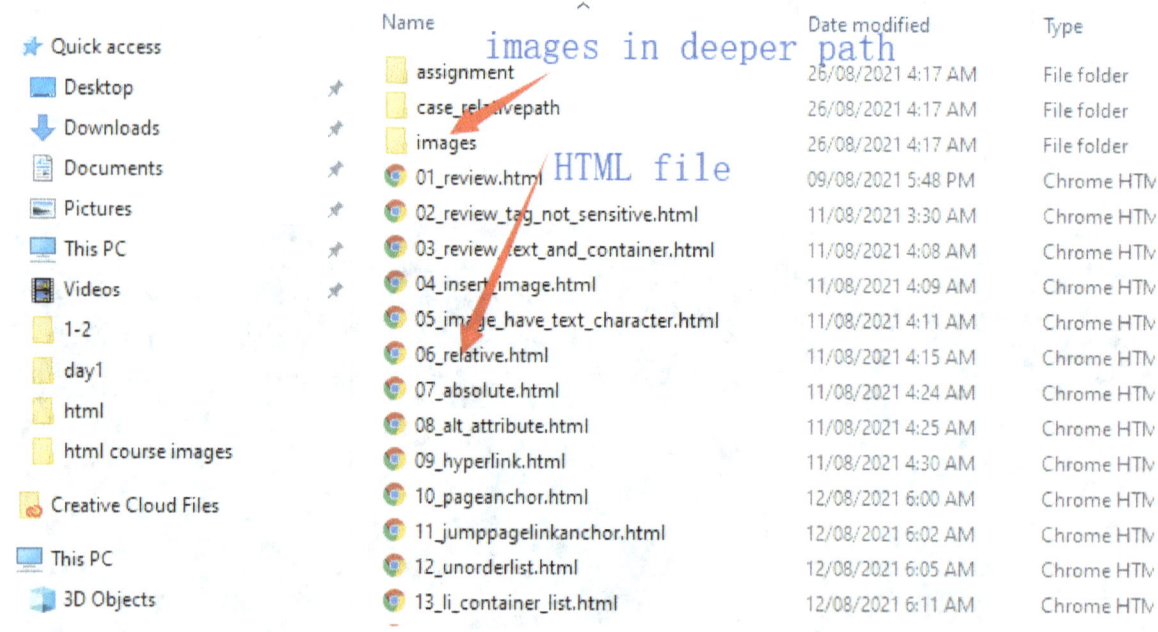

图 7-5 images in deeper directory path 图片在深层文件夹

相对路径代码的写法就是写上文件夹名字，下述代码的意思是从当前的 html 出发，找到同一级别的 images 文件夹中的 turtle.jpg 图片：

```
<img src="images/turtle.jpg" />
```

也可以有很多的层次，比如说下述代码的意思是从当前的 html 出发，找到同一级别的 images 文件夹中的 aaa 文件夹中的 bbb 文件夹中的 elephant.jpg 图片：

```
<img src="images/aaa/bbb/elephant.jpg" />
```

上述两套代码的效果图如图 7-6 所示：

图 7-6 images by relative directory path 相对路径

在相对路径中，如果图片在页面更浅一层的文件夹中，就用../往回去找，比如说下面的代码是指，从当前 hmtl 页面出发，从上一层文件夹中找到 test.jpg 图片：

```
<img src="../test.jpg" />
```

路径可能比较复杂，没有关系，一层一层找就可以了，比如说下面的代码是指从当前 hmtl 页面出发，图片在上一层文件夹中的上一层文件夹中的 images 文件夹中的 aaa 文件夹中的 bbb 文件夹中的 1.jpg 图片：

```
<img src="../../images/aaa/bbb/1.jpg" />
```

需要注意的是 ../只能出现在开头。 相对路径的好处很明显，只要是文件夹里面的文件不乱动，文件夹复制到哪儿都可以使用。

7.4.2 绝对路径

所有以 http://或者 https://开头的路径，或者以/开头的路径，都称为绝对路径。 下面代码中的图片是存在 pixaby.com 网站中，不是从 html 页面出发找到图片，而是描述了一个绝对的一个网址，这个网址称为绝对路径。同样可以插入图片，下述代码的网页效果图如图 7-7 所示，需要注意的是 http(s):// 不能省略。

```
<img
src="https://cdn.pixabay.com/photo/2021/07/01/03/54/auckland-6378142_960_720.jpg"
/>
```

图 7-7 absolute directory path 绝对路径

另外一个绝对路径的写法是以/开头的路径，表示的是当前服务器的根目录。 对比下面的一组代码，下述代码
   <img src="1.jpg" />
不等价于：
   <img src="/1.jpg" />

因为第一个代码的路径表示的是相对路径，是指从当前页面出发找到 1.jpg 图片：
   <img src="1.jpg" />

而另外一个代码表示的是绝对路径，表示的是从当前服务器根目录出发，找到 1.jpg：
   <img src="/1.jpg" />

以下的一组代码都属于绝对路径，两种绝对路径的代码是一样的：
   <img src="/images/1.jpg" />
等价于绝对地址：
   <img src="**http://www.admbitlesson.com**/images/1.jpg" />

不要去考虑直接插入硬盘中的文件：
   <img src="file://d:/1.jpg" />
这个方法在生产环境中是没有用的，因为服务器上没有 d 盘，你的路径不适用在服务器上。 并且也不方便用 u 盘考来考去，这是一个错误的路径，所以不要去学它。

建议把图片放到同一个工作目录，比如说 images 文件夹里面，用相对路径找到图片。

做个小练习，下图中如何能够在 index.html 中插入图片 1.png，代码是什么：

有如下文件层次图：

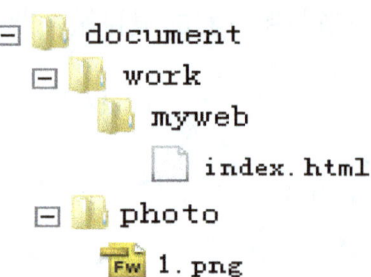

答案如下：

<img src="../../photo/1.png" />

7.5 alt 属性

alt 是英语 alternate 的缩写，是替代的意思，就是说当图片不能在网页上被显示的时候，原因可能是因为路径错误或者服务器错误等等，在这种情况下显示的是替代图片的文字，比如说下述代码中，test.jpg 不存在：

<img src="test.jpg" alt="This is test photo" />

上述代码的网页效果图如图 7-8 所示，当图片不能显示时则显示文字 This is test photo：

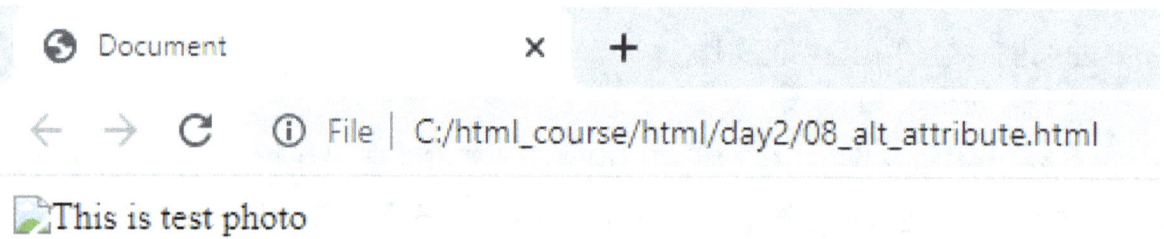

图 7-8 image text alternative 图片替换文字

第 8 章 超级链接

超级链接是把网页与网页都连起来了，我们常说互联网，其实这个就是网的根源。

8.1 a 标签

网页与网页的连接是用 a 标签来连接，a 是英语 anchor 锚的意思。 在下面的语法中，点击文字 I am hyper link 就会跳转到 templ.html 网页：

```
<p>
    <a href="temp.html" title="please visit temp page！">I am hyper link</a>
</p>
```

上述代码的页面效果图如图 8-1 所示

图 8-1 hyperlink 超级链接

在代码中，href 是英语 **h**ypertext **ref**erence 的缩写，意思是超文本地址。 类似于 img 的 src 属性。 在 href 里面的值，就是要跳转到的页面的地址，相对路径、绝对路径都行，如下述代码，点击标签中的文字，就会通过引号中的地址跳转到其它的网页：

```
<a href="../../aaa/bbb/ccc/1.html">Link</a>
<a href="temp.html">I am hyper link</a>
<a href="https://www.youtube.com/c/abnzi" target="_blank">I am absolute link</a>
```

8.2 常见属性

title 属性，就是当鼠标的光标悬停在某个位置的时候的提示文本，如下述代码所示，当光标悬停在文字"I am hyper link"的时候，会显示提示文字：please visit temp page!

   `<a href="temp.html" title="please visit temp page！">I am hyper link</a>`

上述代码的效果如图 8-2 所示：

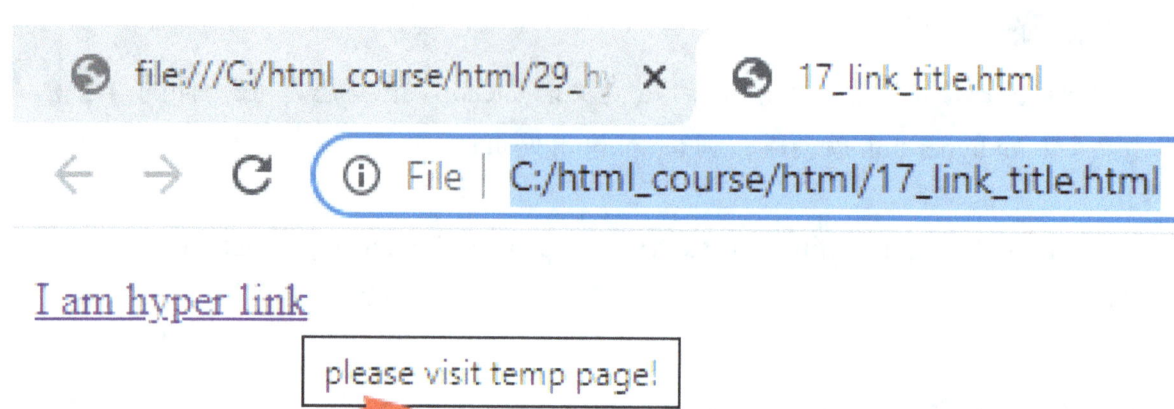

图 8-2 hyperlink title 超链接悬停文字

target 属性，设置是否在新窗口中打开连接。 如果想在新窗口中打开链接， 那么使用
键值对：target="_blank"， 在下述代码中，点击下方的链接文字"Open in a new window"，
这个时候， 要跳转的 temp.html 页面会在一个新的窗口打开而不会覆盖以前的页面：

   `<a href="temp.html" target="_blank">Open in a new window</a>`

target 是英语目标的意思，blank 就是空白新窗口的意思，默认的情况下在页面中显示的
时候有个下划线。

8.3 页面内的锚点

可以通过下面的的代码设置特殊形式的 a，在页面中放置锚点。a 标签里面有一个 name
属性，name 是在英语是名字的意思，下面的代码中没有 href 和用来点击链接的文字，
这种用 a 标签的代码写法叫做加入锚点。

```
<a name="biology"></a>
```

设置完锚点后，可以通过页面内的链接来跳入到锚点的位置，需要 name 的值和链接 href 的值相匹配，锚点名字和链接地址名字一样，才可以在点击链接时跳转到锚点，除此之外，也可以使用网址从一个网页跳转到另外一个网页的锚点，下述代码点击网页内部的文字 Biology of Camel 后，跳转到当前页的锚点 name="biology"：

```
<p><a href="#biology">Biology of Camel</a></p>
```

注意看图 8-3 的地址栏最后的部分，这个练习是在同一个网页中从一个位置跳转到另一个位置的锚点，通过名字匹配来来快速定位这个锚点的位置。

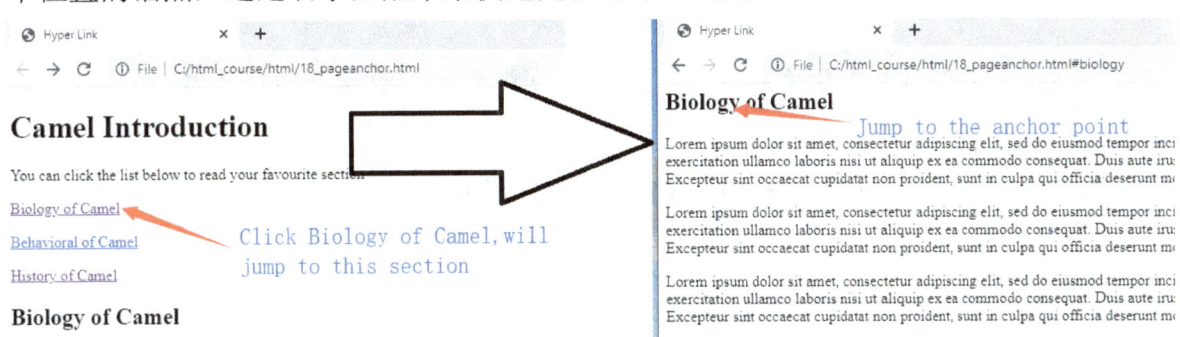

图 8-3 Page internal anchor 内部锚点

图 8-3 内部锚点跳转的完整代码节选如下所示，读者可以参考练习：

```
<!DOCTYPE html>
<html lang="en">
<head>
    <meta charset="UTF-8">
    <title>Hyper Link</title>
</head>
<body>

    <h1>Camel Introduction</h1>

    <p>You can click the list below to read your favourite section</p>
    <p><a href="#biology">Biology of Camel</a></p>
    <p><a href="#boc">Behavioral of Camel</a></p>
    <p><a href="#history">History of Camel</a></p>

    <a name="biology"></a>
```

```
<h2>Biology of Camel</h2>
<p>
Lorem ipsum dolor sit amet, consectetur adipiscing elit, sed do eiusmod
tempor incididunt ut labore et dolore magna aliqua. Ut enim ad minim veniam,
quis nostrud exercitation ullamco laboris nisi ut aliquip ex ea commodo
consequat. Duis aute irure dolor in reprehenderit in voluptate velit esse
cillum dolore eu fugiat nulla pariatur. Excepteur sint occaecat cupidatat
non proident, sunt in culpa qui officia deserunt mollit anim id est laborum.
</p>
</body>
</html>
```

下述代码意思是指从一个页面跳转到另一个页面的锚点，这两个页面不是同一个 html
文件：

```
<a href="18_pageanchor.html#biology">Biology of Camel </a>
```

上述代码的网页效果图如图 8-4 所示：

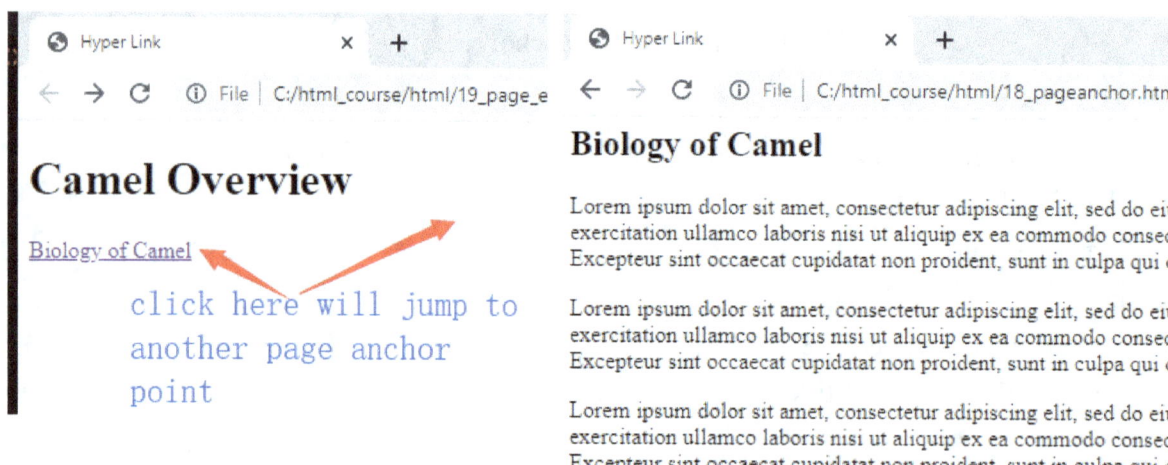

图 8-4 page anchor external page 外部锚点

图 8-4 的代码如下所示，点击文字 Biology of Camel 后，就会跳转到 href 引号中的网页
地址的#bilogoy，这个#biology 就是在另一网页中跳转到另一个网页中通过代码<a
name="biology"></a>设置的锚点，href 的值是网页地址，这个是根据你自己的网页地址
来设定，在这里我的这个网页地址是 18_pageanchor.html，这个可以随时改变，当你重
新命名你的 html 文件名后，href 里的值也要相应的改变。

```
<!DOCTYPE html>
<html lang="en">
```

```
<head>
    <meta charset="UTF-8">
    <title>Hyper Link</title>
</head>
<body>
    <h1>Camel Overview</h1>

    <a href="18_pageanchor.html#biology">Biology of Camel</a>
</body>
</html>
```

最后说一下，如果我们想要把一个段落中所有的文字，都是可以作为超级链接可以点击的部分， 应该使用 p 标签去包裹 a 标签，因为 p 标签的内容比 a 标签的内容大，a 就是一个文字，如下述代码：

```
<p>
    <a href="">Click me</a>
</p>
```

不要去用 a 标签去包裹 p 标签，下述代码是错误的：

```
1    <a href="">
2        <p>Click me</p>
3    </a>
```

第 9 章 列表

列表有三种：无序列表、有序列表、定义列表

9.1 无序列表

ul 是英语 unordered list 的缩写，无序列表。 表达的是没有顺序关系的列表。 li 是英语
list item 列表项的意思。 下面的代码就是把 4 组文字以无序的方式列出：

```
<ul>
    <li>Microsoft</li>
    <li>Apple</li>
    <li>Alibaba</li>
    <li>Google</li>
</ul>
```

上述代码网页效果图如图 9-1 所示：

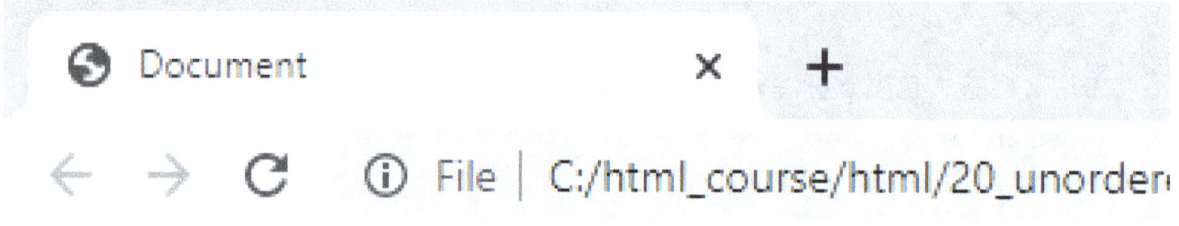

图 9-1 unordered list 无序列表

这种 ul 标签包裹 li 标签的组合是我们目前学习的第一个组合的标签：

```
<ul>
    <li></li>
    <li></li>
    <li></li>
    <li></li>
```

```
</ul>
```

注意嵌套的写法，ul 标签的子标签，只能是 li 标签，不能是其它的，而 ul 标签的子标签的子标签是谁无所谓：

```
<ul>
    <li>
        <h3></h3>
        <ul>
            <li></li>
            <li></li>
            <li></li>
            <li></li>
        </ul>
    </li>
    <li></li>
    <li></li>
    <li></li>
</ul>
```

看一组错误的代码：

错误 1：

```
<ul>
    <p></p>
    <p></p>
    <p></p>
    <p></p>
</ul>
```

错误 2：

```
<ul>
    <h3>China cities</h3>
    <li>Bei Jing</li>
    <li>Shang Hai</li>
    <li>Guang Zhou</li>
</ul>
```

错误 3：

```
<ul>
    China cities
    <li>Bei Jing</li>
    <li>Shang Hai</li>
    <li>Guang Zhou</li>
</ul>
```

正确的写法如下所示：

```
<h3>China cities</h3>
<ul>
    <li>Bei Jing</li>
    <li>Shang Hai</li>
    <li>Guang Zhou</li>
</ul>
```

li 标签的数量没有限制，可以有无限多个。 li 标签是一个非常经典的容器级标签，里面可以放置任何东西，甚至，再放置一个 ul 标签（二级列表），甚至三级列表。 注意下面代码的正确写法，这组代码很容易写错：

```
<ul>
    <li>
        <h4>China</h4>
        <ul>
            <li>Beijing</li>
            <li>Shanghai</li>
            <li>Guangdong</li>
        </ul>
    </li>
    <li>
        <h4>New Zealand</h4>
        <ul>
            <li>Auckland</li>
            <li>Wellington</li>
            <li>Christchurch</li>
        </ul>
    </li>
    <li>
```

```
            <h4>Italy</h4>
            <ul>
                <li>Rome</li>
                <li>Milan</li>
                <li>Turin</li>
            </ul>
        </li>
    </ul>
```

上述代码的网页效果图如图 9-2 所示：

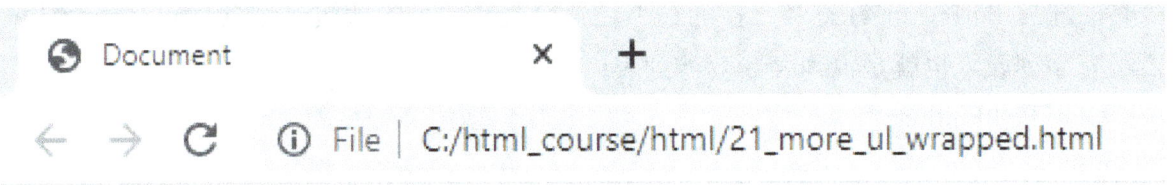

- **China**

  - Beijing
  - Shanghai
  - Guangdong

- **New Zealand**

  - Auckland
  - Wellington
  - Christchurch

- **Italy**

  - Rome
  - Milan
  - Turin

图 9-2 more unordered lists wrapped 多级列表

上图中的小圆点如何变化，是用 CSS 来做的，是属于样式的部分，在 CSS 的课程中再讲。

9.2 有序列表

有序列表使用的是 ol 标签，它是 ordered list 的缩写，这个标签的用法是把列表按顺序排列，和无序列表相比写法很相似，只是把 ul 标签换成 ol 标签：

```
<ol>
    <li></li>
    <li></li>
    <li></li>
</ol>
```

所有的注意事项和 ul 标签是一样的，下述代码是有序列表代码，这套代码是嵌套式的多级有序列表，也就是说列表嵌套着列表：

```
<!DOCTYPE html>
<html lang="en">
<head>
    <meta charset="UTF-8">
    <title>Ordered lists</title>
</head>
<body>
    <h3>Top livable cities in the world 2021</h3>
    <ol>
        <li>
            Auckland
            <ol>
                <li>Auckland Central</li>
                <li>Auckland Rural</li>
            </ol>
        </li>
        <li>Osaka</li>
        <li>Adelaide</li>
    </ol>
</body>
</html>
```

上述代码的页面效果图如图 9-3 所示：

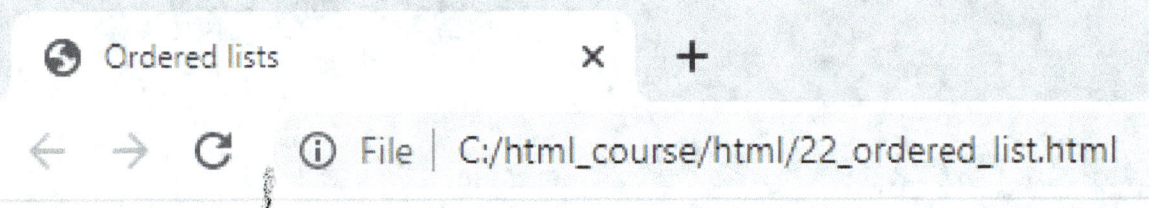

Top livable cities in the world 2021

1. Auckland
    1. Auckland Central
    2. Auckland Rural
2. Osaka
3. Adelaide

图 9-3 ordered list 有序列表

9.3 定义列表

定义列表是用来定义某事物的一个列表，代码如下所示：

```
<dl>
    <dt>HTML</dt>
    <dd>HTML is the standard markup language for creating Web pages.</dd>

    <dt>CSS</dt>
    <dd>CSS is the language we use to style an HTML document.</dd>

    <dt>JavaScript</dt>
    <dd>JavaScript is the programming language of the Web.</dd>
</dl>
```

dl 标签是英语 definition list 的缩写，是定义列表的意思； dt 标签是英语 definition title 的缩写，是定义标题的意思； dd 标签是英语 definition description 的缩写，是定义描述的意思； 在 dl 中，交替出现 dt 和 dd。 dd 是 dt 的解释说明，如图 9-4 所示，dd 负责解释、描述、定义 dt。

```
<dl>
    <dt>HTML</dt>                          dd gives definition of dt
    <dd>HTML is the standard markup language for creating Web pages.</dd>

    <dt>CSS</dt>
    <dd>CSS is the language we use to style an HTML document.</dd>

    <dt>JavaScript</dt>
    <dd>JavaScript is the programming language of the Web.</dd>
</dl>
```

图 9-4 dd to explain dt 用 dd 标签解释 dt 标签

可以出现连续多个 dd 标签，也可以只有一个 dt 标签而没有 dd 标签，如图 9-5 所示。 dd 标签在语义上是对 dt 标签的描述。

```
<dl>
    <dt>HMTL/HTML5</dt>
    <dd>Describes the structure of a Web page</dd>
    <dd>Hyper Text Markup Language</dd>
                                              dd can have multi dd

    <dt>CSS/CSS3</dt>        without dd, give up definition

    <dt>JavaScript</dt>
    <dt>Programming language of the web</dt>
    <dd>ECMAScript is the official name of the language</dd>
</dl>
```

图 9-5 multi-line dd 多行 dd 标签

也可以单独成为一个 dt 和 dd 组，大部分前端工程师喜欢把代码写成下面的样子：

```
<!DOCTYPE html>
<html lang="en">
<head>
    <meta charset="UTF-8">
    <title>Document</title>
</head>
<body>
    <h4>Web Languages</h4>
    <ul>
        <li>
            <dl>
                <dt>HTML</dt>
```

```
                    <dd>Describes the structure of a Web page</dd>
                    <dd>Hyper Text Markup Language</dd>
                </dl>
            </li>
            <li>
                <dl>
                    <dt>CSS</dt>
                    <dd>To style an HTML document</dd>
                    <dd>Cascading Style Sheets</dd>
                </dl>
            </li>
            <li>
                <dl>
                    <dt>JavaScript</dt>
                    <dd>Programming language of the web</dd>
                </dl>
            </li>
        </ul>
    </body>
</html>
```

这样的好处，就是样式更好管理一些，等将来学了 CSS 就会明白了，上述代码的效果图如图 9-6 所示：

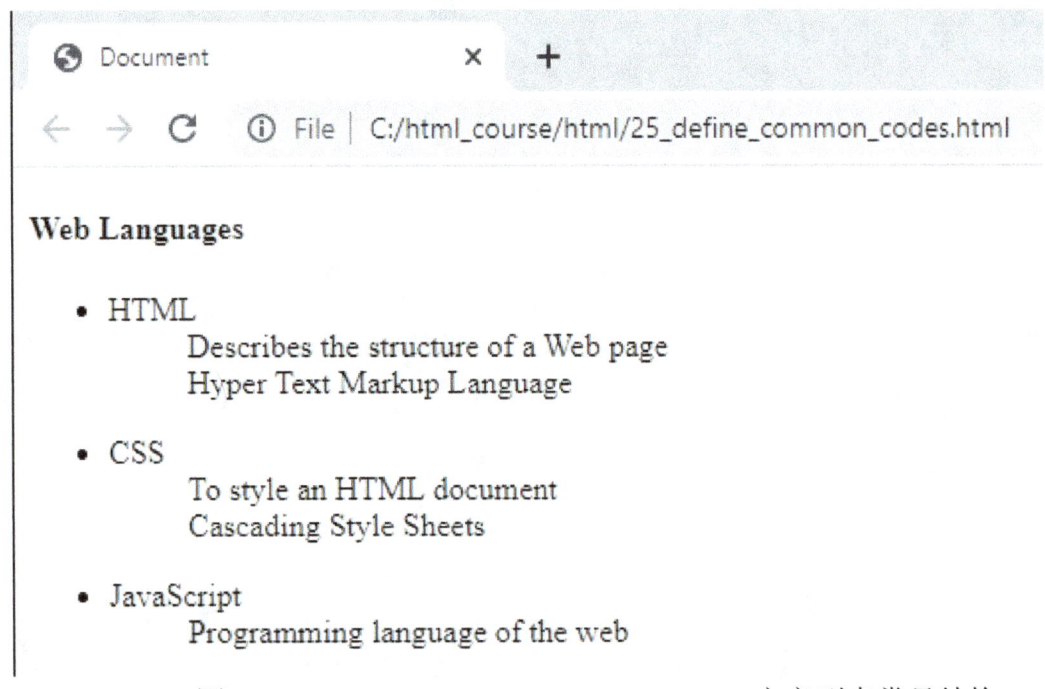

图 9-6 list and definition common structure 定义列表常见结构

dd 和 dt 都是非常经典的容器级标签，里面什么都能放。 很多网站的列表在网页上从外表看起来都一样，有些列表甚至看起来一模一样，但是需要注意的是，它们不一定是使用通样的标签写的，所以说网页渲染内容看起来是什么样子是没有关系的，一切要看语义。

第 10 章 表单

表单中的所有元素，都要放在一个 form 标签中：

```
<form>


</form>
```

form 就是英语表格的意思。 这个标签是一个功能型的标签，不是一个结构型的标签。form 标签是后台来进行配置的。 在今后的 AJAX 的课程讲解 PHP 语言时，将介绍更多的表单提交的原理。 那时候你就知道了 form 表单的两个属性 method、action 的用法，现在先不讲，只是先提及一下。

10.1 单行文本框

代码如下：

```
<p>
    Full Name：
    <input type="text" />
</p>
```

上述代码在页面中效果图如图 10-1 所示

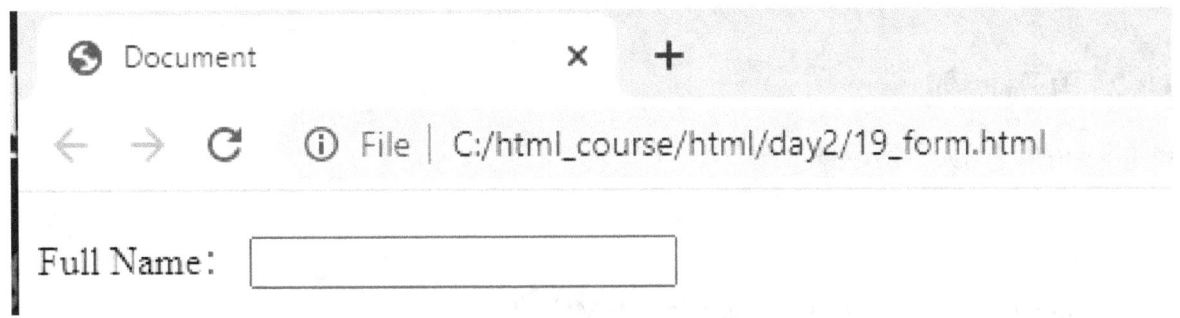

图 10-1 simple single line form 单行文本框

input 是英语输入的意思，在 html 中 input 表示的是这是一个输入控件，控件就是用户能够点击，能够填写的东西。

type 是英语类型的意思，text 是文本的意思。

input 在 html 中的类型有 text，password，radio，checkbox，submit，button，reset。

input 是我们新学的又一个自封闭标签，不是以标签对的形式出现。 因为它并不需要给别的文字添加语义。 至此，到目前为止，我们已经学习了 3 个自封闭标签，代码如下所示：

```
<meta name="keywords" content="Smart Phone, PC" />
<img src="1.jpg" />
<input type="text" />
```

在 input 标签中，value 属性表示默认有的值，也就是说在文本框中的默认文字，在下述代码中文本框内的的默认值是 Your Name：

```
<p>
    Full Name：
    <input type="text" value="Your Name"/>
</p>
```

上述代码的页面效果图如图 10-2 所示：

Full Name： Your Name

图 10-2 single form text line with default value 带有默认值的单行文本框

10.2 单选按钮

单选按钮的代码如下所示：

```
<p>
    Gender：
    <input type="radio" name="gender" /> Male
    <input type="radio" name="gender" /> Female
</p>
```

上述代码的页面效果图如图 10-3 所示：

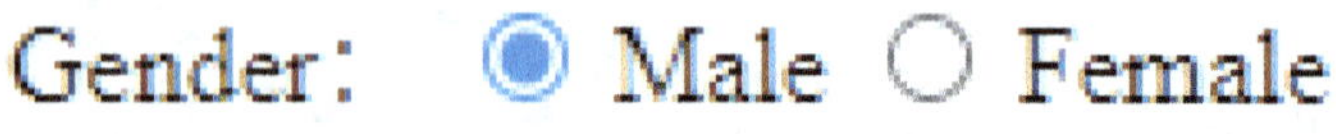

Gender： ● Male ○ Female

图 10-3 single choice 单行按钮

单行文本框和单选按钮看起来非常的像，看下述文本框和单选按钮的代码对比：

```
<input type="text" />
<input type="radio" />
```

radio 是收音机的意思，当按其中的一个键，其它键就弹起来，所以计算机就沿用了这个名字。 此外，单选按钮，必须是互斥的，不能同时选中多个，单选框如果想互斥，必须有相同的 name 属性，属性值是什么没有关系的，但是必须要相同。

扩展一个提升用户体验的方法，叫做 label 标签。 这个标签的用法是，当需要选择时不一定非得点击选择框，当点击字的时候，小圆点也能够被勾选上，下述代码是关于如何使用 label，注意 input 里的 id 属性值要和 label 里的 for 属性值一样：

```
<input type="radio" name="sex" id="male" />
<label for="male">Male</label>
```

label 就是标签的意思，id 就是标识符。 现在，这个 for 属性和 id 的值是一样的，产生了绑定关系，就把 label 和 input 产生了绑定关系。 当点击文字"Male"的时候选择框就能够被选择上，不用必须点击选择框，这个用户体验更加方便，这是我们学习的第一个有绑定关系的标签，后面还会学习到。

10.3 复选框

复选框的代码如下：

```
<p>
    Interests：
    <input type="checkbox" name="interests" /> Basketball
    <input type="checkbox" name="interests" /> Soccor
    <input type="checkbox" name="interests" /> Badminton
</p>
```

checkbox 就是复选框的意思，name 属性虽然现在感觉没有什么用，但是还是应该设置为相同的。 上述代码的页面效果如图 10-4 所示：

Interests： ☐ Basketball ☐ Soccor ☐ Badminton

图 10-4 checkbox for multi-choices 多项选择框

10.4 密码框

密码框的代码如下所示：

```
<input type="password" />
```

上述代码的页面效果图如图 10-5 所示：

Type Your Password：

图 10-5 password input 输入密码

10.5 三种按钮

分别是按钮，递交和重置，代码如下所示：

```
<p>
    <input type="button" value="Buttlon" />
    <input type="submit" value="Submit" />
    <input type="reset" value="Reset" />
</p>
```

上述代码的页面效果图如图 10-6 所示：

图 10-6 three different buttons 三种按钮

Button 是普通按钮，Submit 是提交按钮， Reset 是重置按钮，具体的区别会在 JavaScript 的课程和 Ajax 的课程讲到。

10.6 下拉列表

下拉列表或者称为下拉框，是由标签 select 和标签 option 组成，select 表示选择的意思，option 是选项的意思。 这是一个组合使用的标签组，和 ul、li 的关系是一样的，下面

是下拉列表的代码:

```
<p>
    Birth of the Year：
    <select id="optionmenu">
        <option>1960</option>
        <option>1970</option>
        <option>1980</option>
        <option>1990</option>
        <option>2000</option>
    </select>
</p>
```

上述代码的页面效果图如图 10-7 所示:

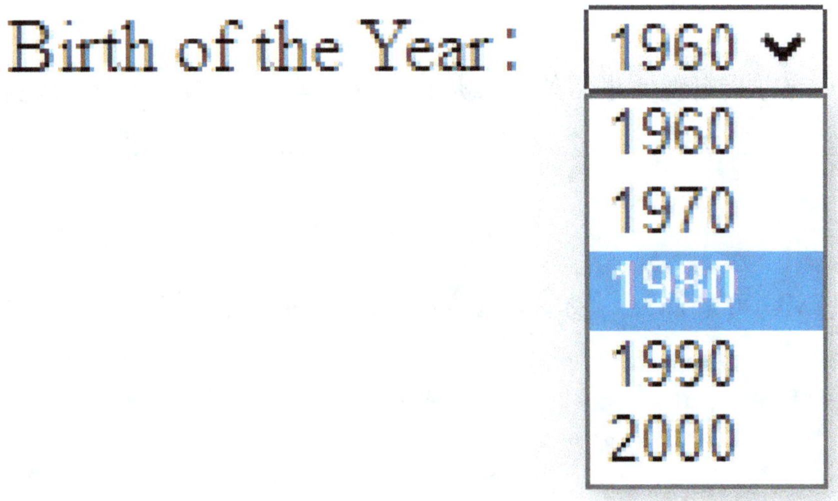

图 10-7 selection list 下拉列表文本域

10.7 多行文本框

多行文本框 textarea 是能够换行的输入文本的控件，代码如下所示:

```
<p>
    <textarea cols="40" rows="10">Please type here...</textarea>
</p>
```

上述代码的页面效果图如图 10-8 所示

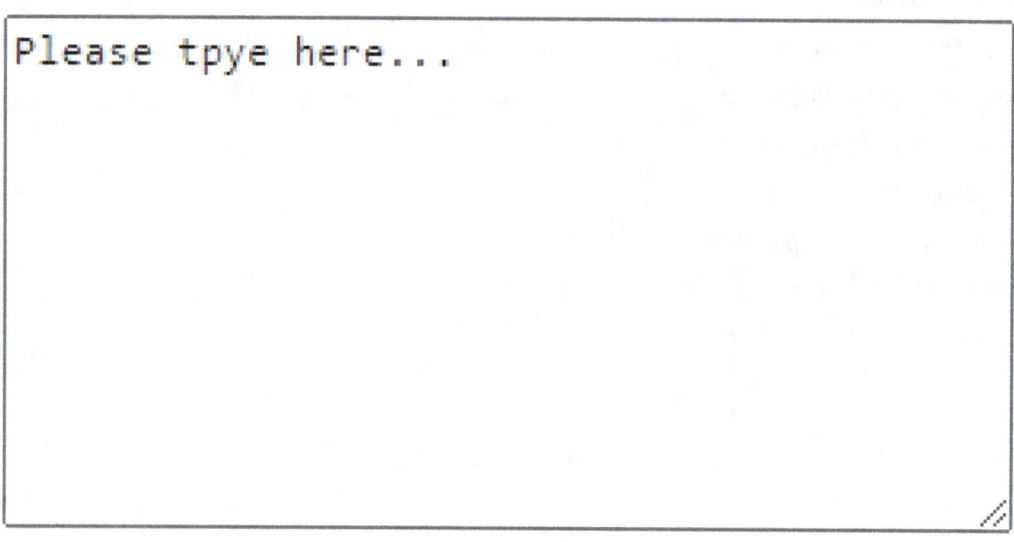

图 10-8 multi-line textarea

多行文本框是以一对标签的方式出现，里面的内容是默认文字。 关于文本框的属性属性：text 文本，area 区域，cols 多少列，rows 多少行等，我们一般都是用 css 来控制。 所以这里不再深入讲解。

在 HTML4.01 层面（XHTML1.0 层面），表单的内容如下总结的 input 系列，其它的将会在 HTML5 扩充。

```
<input type="text" />
<input type="radio" />
<input type="checkbox" />
<input type="password" />
<input type="button" />
<input type="submit" />
<input type="reset" />
```

上面将的所有的 input 的类型的完整代码如下所示，读者可以按照下面代码来练习 input：

```
<!DOCTYPE html>
<html lang="en">
<head>
    <meta charset="UTF-8">
    <meta http-equiv="X-UA-Compatible" content="IE=edge">
```

```html
    <meta name="viewport" content="width=device-width, initial-scale=1.0">
    <title>Document</title>
</head>

<body>
    <form>
        <p>
            Full Name：
            <input type="text" />
        </p>
        <p>
            Full Name：
            <input type="text" value="Your Name"/>
        </p>
        <p>
            Gender：
            <input type="radio" name="gender"/> Male
            <input type="radio" name="gender"/> Female
        </p>

        <p>
            Gender：
            <input type="radio" name="gender" id="male"/>
            <label for="male">Male</label>

            <input type="radio" name="gender" id="female" />
            <label for="female">Female</label>
        </p>

        <p>
            Interests：
            <input type="checkbox" name="interests" /> Basketball
            <input type="checkbox" name="interests" /> Soccor
            <input type="checkbox" name="interests" /> Badminton
        </p>

        <p>
```

Interests：

<input type="checkbox" name="interests" id="basketball"/>
<label for="basketball">Basketball</label>

<input type="checkbox" name="interests" id="soccer"/>
<label for="soccer">Soccor</label>

<input type="checkbox" name="interests" id="badminton"/>
<label for="badminton">Badminton</label>
</p>
<p>
<input type="checkbox" name="interests" id="agreement"/>
<label for="agreement">I agree the rules of safty.</label>
</p>

<p>
Type Your Password：
<input type="password" />
</p>

<p>
<input type="button" value="Buttlon" />
<input type="submit" value="Submit" />
<input type="reset" value="Reset" />
</p>
<p>Leave Your Message： </p>
<p>
<textarea cols="40" rows="10">Please type here...</textarea>
</p>
<p>
Birth of the Year：
<select id="optionmenu">
    <option>1960</option>
    <option>1970</option>
    <option>1980</option>
    <option>1990</option>
    <option>2000</option>
</select>

```
            </p>
        </form>
    </body>
</html>
```

第 11 章 表格

表格是由行和列组成的结构化的数据集(也就是表格数据)，能够表示不同类型数据之间的某种关系的值，使数据更加方便使用。

11.1 基本表格

基本的表格如图 11-1 所示：

BMW	$80,000	Luxury SUV
Mercedes	$90,000	Luxury SUV
Toyota	$40,000	Economic SUV
Lamborghini	$200k	Luxury Sports

图 11-1 basic table 基本表格

table 就是表格的意思，tr 标签是 table row 的英文缩写，是指表格的行的意思，td 标签是 table dock 的英文缩写，是表格小格的意思，通常称为单元格。每一个 tr 就是一行，每行中的小格格（单元格）就是 td。上述图 11-1 的代码实现如下所示：

```
1      <table border="1">
2          <tr>
3              <td>BMW</td>
4              <td>$80,000</td>
5              <td>Luxury SUV</td>
6          </tr>
7          <tr>
8              <td>Mercedes</td>
9              <td>$90,000</td>
10             <td>Luxury SUV</td>
11         </tr>
12         <tr>
```

```
13          <td>Toyota</td>
14          <td>$40,000</td>
15          <td>Economic SUV</td>
16      </tr>
17      <tr>
18          <td>Lamborghini</td>
19          <td>$200k</td>
20          <td>Luxury Sports</td>
21      </tr>
22  </table>
```

上面的这套代码标签是三层嵌套，td 标签的数量是一样多的。 如果单元格具有表头语，可以用 th 标签替代 td 标签，代码如下所示：

```
    <tr>
1       <th>Make</th>
2       <th>Price</th>
3       <th>Type</th>
4   </tr>
5   <tr>
6       <td>BMW</td>
7       <td>$80,000</td>
8       <td>Luxury SUV</td>
9   </tr>
10  <tr>
11      <td>Mercedes</td>
12      <td>$90,000</td>
13      <td>Luxury SUV</td>
14  </tr>
15  <tr>
16      <td>Toyota</td>
17      <td>$40,000</td>
18      <td>Economic SUV</td>
19  </tr>
20  <tr>
21      <td>Lamborghini</td>
22      <td>$200k</td>
23      <td>Luxury Sports</td>
24  </tr>                <td>$80,000</td>
```

```
25            <td>Luxury SUV</td>
26        </tr>
```

上述代码的页面效果图如图 11-2 所示

Make	Price	Type
BMW	$80,000	Luxury SUV
Mercedes	$90,000	Luxury SUV
Toyota	$40,000	Economic SUV
Lamborghini	$200k	Luxury Sports

图 11-2 basic th table 基本的 th 标签表格

本质上讲，th 和 td 都是小格格（单元格），只是 th 标签有表头的语义。

表格练习一：

表格练习一如图 11-3 的表格，

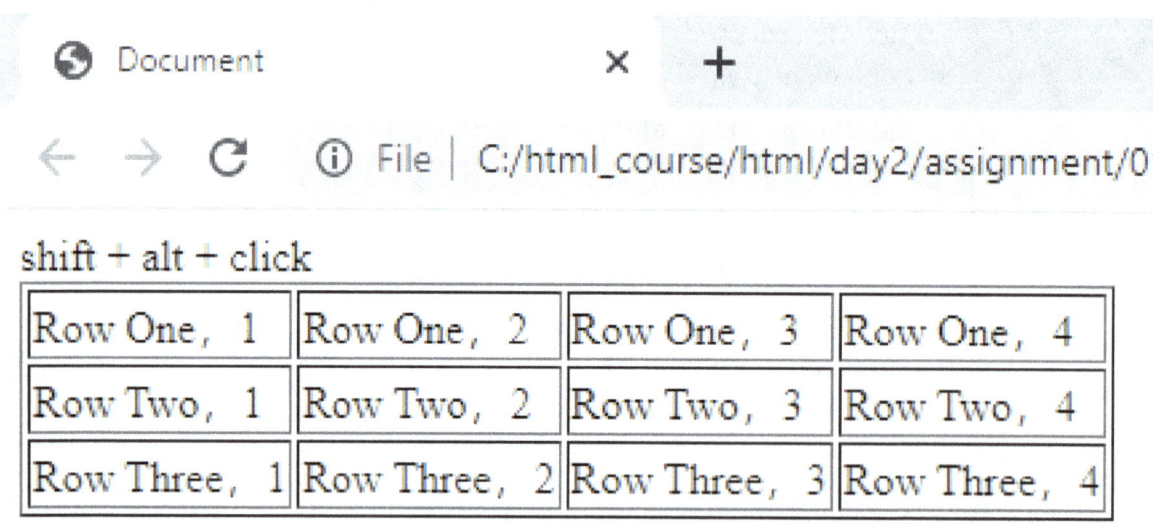

图 11-3 practice one 练习一

表格练习一的代码如下所示：

```html
<!DOCTYPE html>
<html lang="en">
<head>
    <meta charset="UTF-8">
    <title>Document</title>
</head>
<body>
    <table border="1">
    <tr>
        <td>Row One，1</td>
        <td>Row One，2</td>
        <td>Row One，3</td>
        <td>Row One，4</td>
        </tr>
        <tr>
            <td>Row Two，1</td>
            <td>Row Two，2</td>
            <td>Row Two，3</td>
            <td>Row Two，4</td>
        </tr>
        <tr>
            <td>Row Three，1</td>
            <td>Row Three，2</td>
            <td>Row Three，3</td>
            <td>Row Three，4</td>
        </tr>
    </table>
</body>
</html>
```

11.2 表格单元格的合并

下图中的数据 SUV 数竖跨了两行，数据 Tesla 横跨了两列，如图 11-4 所示：

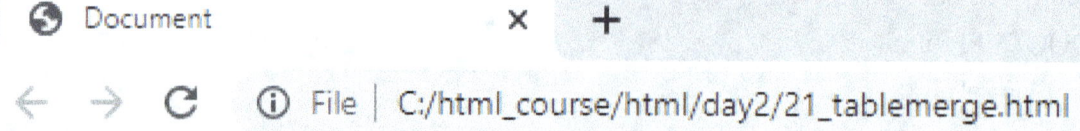

Make	Price	Type
BMW	$80,000	SUV
Mercedes	$90,000	
Toyota	$40,000	
Honda	$39,000	Economic Sedan
Mazda	$30,000	Economic Wagon
Tesla	Unknow	

图 11-4 cells merge 单元格合并

图 11-4 的代码实现如下所示：

```
1        <table border="1">
2            <tr>
3                <th>Make</th>
4                <th>Price</th>
5                <th>Type</th>
6            </tr>
7            <tr>
8                <td>BMW</td>
9                <td>$80,000</td>
10               <td rowspan="3">SUV</td>
11           </tr>
12           <tr>
13               <td>Mercedes</td>
14               <td>$90,000</td>
15           </tr>
16           <tr>
17               <td>Toyota</td>
18               <td>$40,000</td>
19           </tr>
20           <tr>
21               <td>Honda</td>
```

```
22          <td>$39,000</td>
23          <td>Economic Sedan</td>
24      </tr>
25      <tr>
26          <td>Mazda</td>
27          <td>$30,000</td>
28          <td>Economic Wagon</td>
29      </tr>
30      <tr>
31          <td>Tesla</td>
32          <td colspan="2">Unknow</td>
33      </tr>
34  </table>
```

接下来讲解单元格的合并属性：rowspan 行跨度， colspan 列跨度。 一定要写在 td 或者 th 上，tr 是没有这两个属性的这两个属性，它们属于小单元格的属性，而不是行的属性。

表格练习二：

表格练习二如图 11-5 所示：

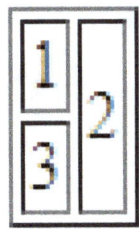

图 11-5 practice 2 练习二

表格练习二的代码如下所示：

```
<table border="1">
<tr>
    <td>1</td>
    <td rowspan="2">2</td>
</tr>
<tr>
```

```
        <td>3</td>
    </tr>
</table>
```

表格练习三

表格练习三如图 11-6 所示：

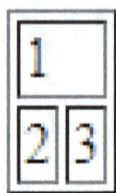

图 11-6 practice 3 练习三

表格练习三的代码如下所示：

```
<table border="1">
    <tr>
        <td colspan="2">1</td>
    </tr>
    <tr>
        <td>2</td>
        <td>3</td>
    </tr>
</table>
```

表格练习四

表格练习四如图 11-7 所示：

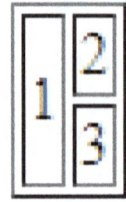

图 11-7 practice 4 练习四

表格练习四的代码如下所示：

```
<table border="1">
    <tr>
        <td rowspan="2">1</td>
        <td>2</td>
    </tr>
    <tr>
        <td>3</td>
    </tr>
</table>
```

表格练习五

表格练习五如图 11-8 所示：

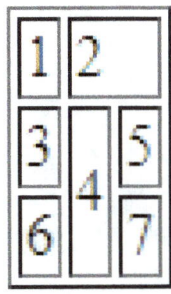

图 11-8 practice 5 练习五

表格练习五的代码如下所示：

```
1   <!DOCTYPE html>
2   <html lang="en">
3   <head>
4       <meta charset="UTF-8">
5       <title>Document</title>
6   </head>
7
8   <body>
9       <table border="1">
10          <tr>
11              <td>1</td>
12              <td colspan="2">2</td>
```

68

```
13          </tr>
14          <tr>
15              <td>3</td>
16              <td rowspan="2">4</td>
17              <td>5</td>
18          </tr>
19          <tr>
20              <td>6</td>
21              <td>7</td>
22          </tr>
23      </table>
24  </body>
25  </html>
```

表格练习六

选择题，请看下面代码对应的图像是什么：

```
1  <table>
2      <tr>
3          <td>1</td>
4          <td rowspan="2">2</td>
5      </tr>
6      <tr>
7          <td>3</td>
8      </tr>
9  </table>
```

对应的图形是：选 D

A:	B:	C:	D:
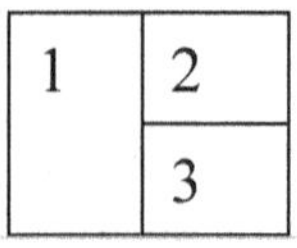 1 2 / 3	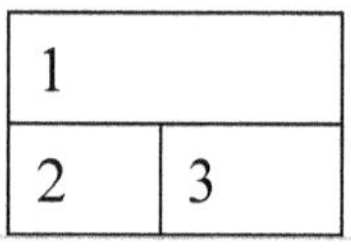 1 / 2 3	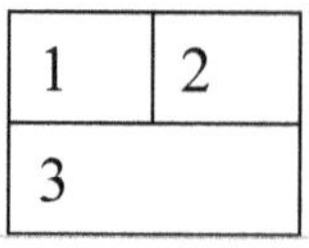 1 2 / 3	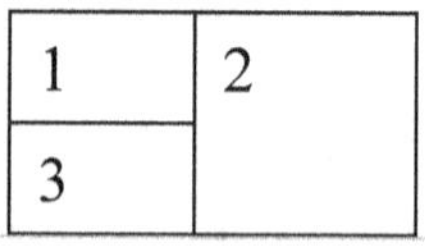 1 2 / 3

11.4 Assignment 1

Assignment 1 如图 11-9 所示，先不要看下面的代码，先自己练习：

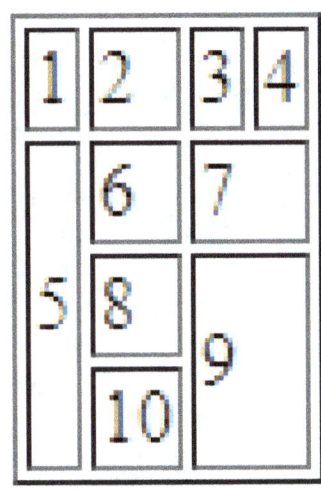

图 11-9 assignment 1 作业一

表格作业一的代码如下所示:

```
<!DOCTYPE html>
<html lang="en">
<head>
    <meta charset="UTF-8">
    <title>Document</title>
</head>

<body>
    <table border="1">
        <tr>
            <td>1</td>
            <td>2</td>
            <td>3</td>
            <td>4</td>
```

```
        </tr>
        <tr>
            <td rowspan="3">5</td>
            <td>6</td>
            <td colspan="2">7</td>
        </tr>
        <tr>
            <td>8</td>
            <td rowspan="2" colspan="2">9</td>
        </tr>
        <tr>
            <td>10</td>
        </tr>
    </table>
</body>
</html>
```

11.5 Assignment 2

Assignment2 如图 11-10 所示，先不要看下面的代码，先自己练习：

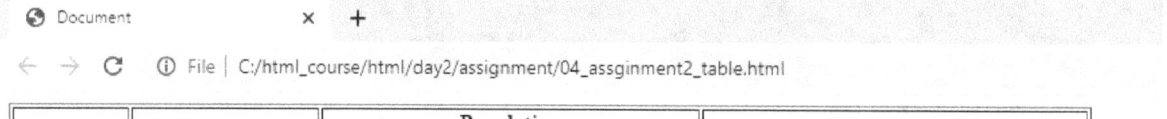

| City | 2006 Population | | Population | | | | Population for living more than 6 months | |
| | | | 2011 | | 2021 | | | |
	Millions	Thousands	Millions	Thousands	Millions	Thousands	Millions	Thousands
Auckland	One	200	One	200	One	200	One	200
Welling ton	One	200	One	200	One	200	One	200
Christchurch	One	200	One	200	One	200	One	200
Queenstown	One	200	One	200	One	200	One	200

图 11-10 assignment 2 作业二

作业二的代码如下所示：
```
<!DOCTYPE html>
<html lang="en">
<head>
    <meta charset="UTF-8">
    <title>Document</title>
</head>
```

```html
<body>
    <table border="1">
        <tr>
            <th rowspan="3">City</th>
            <th rowspan="2" colspan="2">2006 Population</th>
            <th colspan="4">Population</th>
            <th rowspan="2" colspan="2">Population for living more than 6
months</th>
        </tr>
        <tr>
            <th colspan="2">2011</th>
            <th colspan="2">2021</th>
        </tr>
        <tr>
            <th>Millions</th>
            <th>Thousands</th>
            <th>Millions</th>
            <th>Thousands</th>
            <th>Millions</th>
            <th>Thousands</th>
            <th>Millions</th>
            <th>Thousands</th>
        </tr>
        <tr>
            <td>Auckland</td>
            <td>One</td>
            <td>200</td>
            <td>One</td>
            <td>200</td>
            <td>One</td>
            <td>200</td>
            <td>One</td>
            <td>200</td>
        </tr>
        <tr>
            <td>Welling ton</td>
            <td>One</td>
```

```
                    <td>200</td>
                    <td>One</td>
                    <td>200</td>
                    <td>One</td>
                    <td>200</td>
                    <td>One</td>
                    <td>200</td>
                </tr>
                <tr>
                    <td>Christchurch</td>
                    <td>One</td>
                    <td>200</td>
                    <td>One</td>
                    <td>200</td>
                    <td>One</td>
                    <td>200</td>
                    <td>One</td>
                    <td>200</td>
                </tr>
                <tr>
                    <td>Queenstown</td>
                    <td>One</td>
                    <td>200</td>
                    <td>One</td>
                    <td>200</td>
                    <td>One</td>
                    <td>200</td>
                    <td>One</td>
                    <td>200</td>
                </tr>
            </table>
    </body>
</html>
```

11.6 完整表格

一个完整的表格，是有 caption、thead、tbody 三个部件的：

Thead 是指表格头部体，tbody 是指表格内容体，caption 是指表格标题，它们的应用如下述代码所示：

```
<table>
    <caption>This is the table title</caption>
    <thead>
        <tr>
            <th></th>
            <th></th>
            <th></th>
        </tr>
        <tr>
            <th></th>
            <th></th>
            <th></th>
        </tr>
    </thead>

    <tbody>
        <tr>
            <td></td>
            <td></td>
            <td></td>
        </tr>
        <tr>
            <td></td>
            <td></td>
            <td></td>
        </tr>
    </tbody>
</table>
```

下面的图 11-11 是给 assignment 2 加了 thead 和 tbody 的样子：

This is Population Table Heading								
City	2006 Population		Population				Population for living more than 6 months	
			2011		2021			
	Millions	Thousands	Millions	Thousands	Millions	Thousands	Millions	Thousands
Auckland	One	200	One	200	One	200	One	200
Welling ton	One	200	One	200	One	200	One	200
Christchurch	One	200	One	200	One	200	One	200
Queenstown	One	200	One	200	One	200	One	200

图 11-11 assignment 2 with thead and tbody 加了 thead 和 tbody 的作业二

加了 thead 和 tbody 的作业二的代码如下所示：

```
<!DOCTYPE html>
<head>
    <meta http-equiv="Content-Type" content="text/html;charset=UTF-8">
    <title>Document</title>
</head>
<body>
    <table border="1">
        <caption>This is Population Table Heading</caption>
        <thead>
          <tr>
              <th rowspan="3">City</th>
              <th rowspan="2" colspan="2">2006 Population</th>
              <th colspan="4">Population</th>
              <th rowspan="2" colspan="2">Population for living more than 6
months</th>
          </tr>
          <tr>
              <th colspan="2">2011</th>
              <th colspan="2">2021</th>
          </tr>
          <tr>
            <th>Millions</th>
            <th>Thousands</th>
            <th>Millions</th>
            <th>Thousands</th>
            <th>Millions</th>
```

75

```
            <th>Thousands</th>
            <th>Millions</th>
            <th>Thousands</th>
        </tr>
    </thead>

    <tbody>
        <tr>
            <td>Auckland</td>
            <td>One</td>
            <td>200</td>
            <td>One</td>
            <td>200</td>
            <td>One</td>
            <td>200</td>
            <td>One</td>
            <td>200</td>
        </tr>
        <tr>
            <td>Welling ton</td>
            <td>One</td>
            <td>200</td>
            <td>One</td>
            <td>200</td>
            <td>One</td>
            <td>200</td>
            <td>One</td>
            <td>200</td>
        </tr>
        <tr>
            <td>Christchurch</td>
            <td>One</td>
            <td>200</td>
            <td>One</td>
            <td>200</td>
            <td>One</td>
            <td>200</td>
            <td>One</td>
```

```
            <td>200</td>
        </tr>
        <tr>
            <td>Queenstown</td>
            <td>One</td>
            <td>200</td>
            <td>One</td>
            <td>200</td>
            <td>One</td>
            <td>200</td>
            <td>One</td>
            <td>200</td>
        </tr>
    </tbody>
</table>
</body>
</html>
```

HTML 的极简课程将完了。接下来会将 CSS，在讲 CSS 的时候会对 HTML 继续延伸，因为很多的 HTML 的标签要和 CSS 一起配合使用。然后在将来的中级课程中会讲 HTML5，循序渐进的就会把前端技术掌握。